ずっと使える!　もっと作りたくなる!

はじめての刺しゅう

著 寺西 恵里子
Eriko Teranishi

PRINCESS
Peace
Sweet Heart

日東書院

ようこそ！
楽しい刺しゅうの世界へ……

Sweet Heart

Tea time

BABY

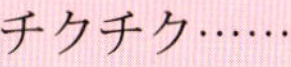

チクチク……

針と糸が繰り広げる
小さな世界には
夢がいっぱい……

曲がっても
針目が揃わなくても
大丈夫……

楽しんで
刺しゅうしてみて下さい。

できあがるのは
小さな刺しゅうだけど

作る楽しさ
できあがった感動
使う喜び……

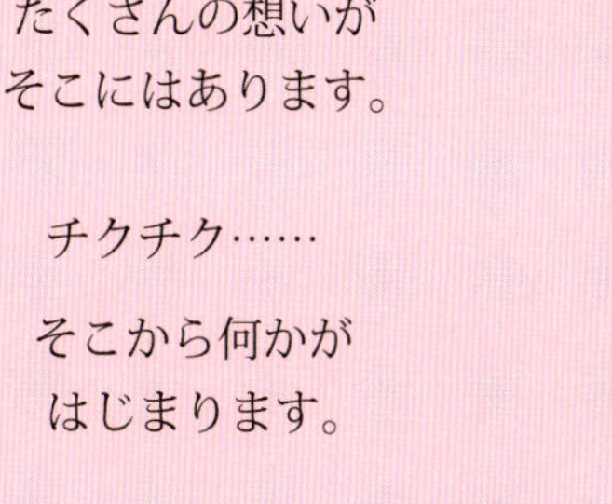

たくさんの想いが
そこにはあります。

チクチク……

そこから何かが
はじまります。

Paris

HAPPY
BEAR

Petit Flower

はじめてでも大丈夫……

ハンカチから……
小さな花の刺しゅうから……
初めてみましょう。

図案を写したら
一針一針
ゆっくりていねいに刺します。

少しできては眺めて……
楽しんでください。

少し自信がついてきたら……

かわいいデザインの
コースターにもチャレンジ！

生活の中にも
小さな刺しゅうを
入れていきましょう。

いろいろなステッチ……

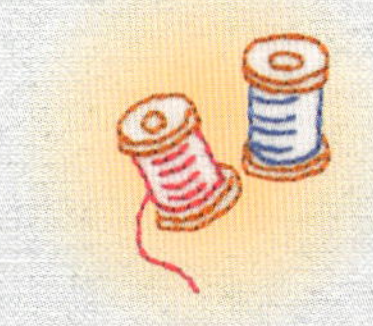

ブランケットステッチ
クロスステッチ……

たくさんあるステッチに
少しずつ触れてみましょう。
好きな色で……

自分の好きなステッチに
出会えると……
より楽しくなります。

好きな図案……

いろいろできるようになると
好きな図案を選んで……
好きなものが作れます。

色を変えたり、
刺しゅうするものを変えたり……
図案のアレンジも。

刺しゅうは自由……
好きなように作りましょう。

TENDER HEART

miran
BABY
2895g
50cm
2010.1.29

プレゼントに……

生まれた日……
名前や体重まで
その子だけの刺しゅう。

そんな、オリジナルをいれて
誰かに作ってあげませんか。

刺しゅうだからできること
いろいろ……
それも楽しんで。

幸せを願って……

刺しゅうに思いを託す
幸せに……と。

楽しく刺繍して……
出来上がったものには
不思議な力が宿ります。

刺しゅうには
幸せを願う力も。

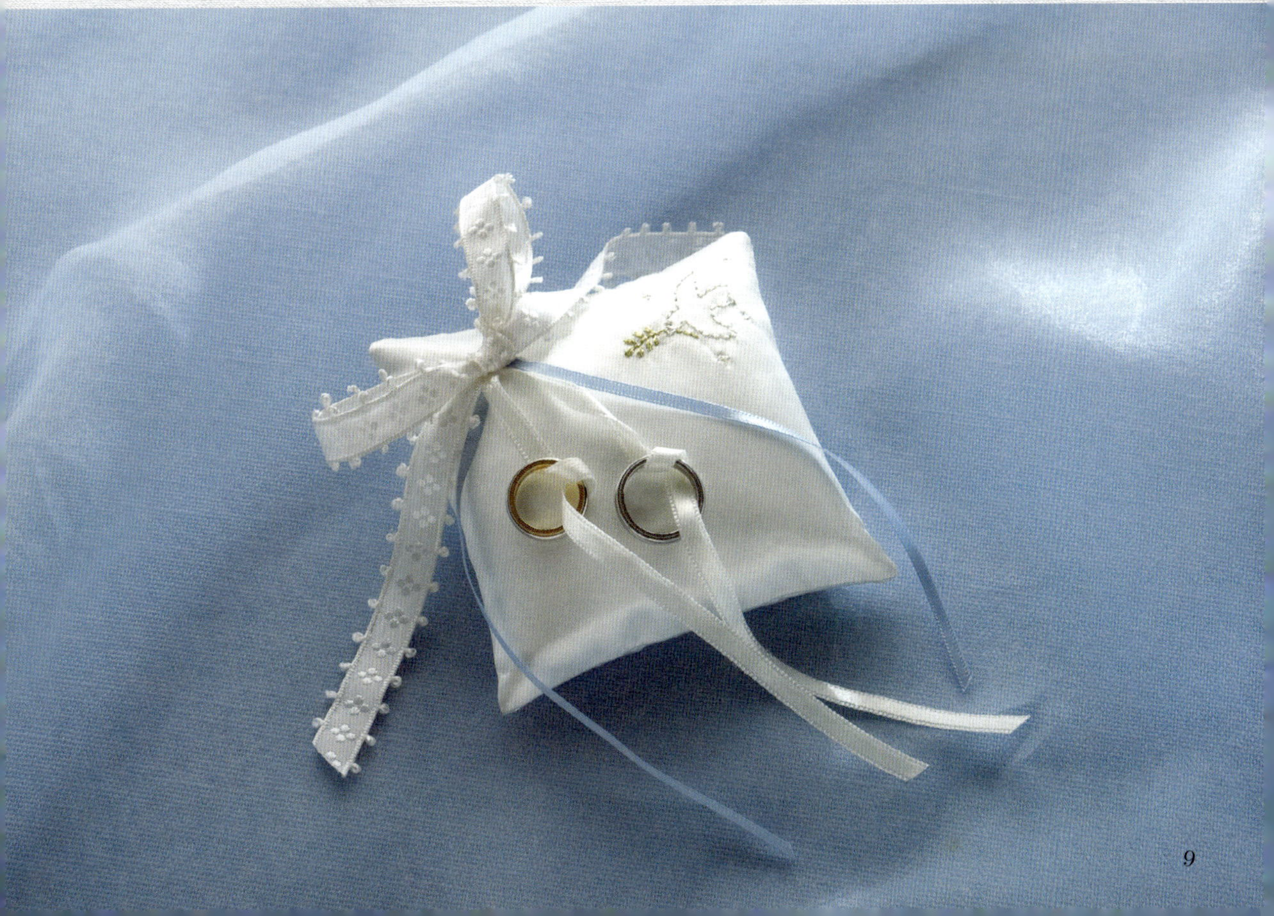

Contents

PROLOGUE

チクチク……

針と糸が繰り広げる
小さな世界には
夢がいっぱい……

曲がっても
針目が揃わなくても
大丈夫……

楽しんで
　刺しゅうしてみて下さい。

できあがるのは
小さな刺しゅうだけど

作る楽しさ
できあがった感動
使う喜び……

たくさんの想いが
　そこにはあります。

チクチク……

そこから何かが
　はじまります。

この本の刺しゅう糸はオリムパス製絲株式会社の刺しゅう糸を使用しています。

図　案

キュートなワンポイント

PRINCESS
Peace
Sweet Heart

p17　実物大図案：p77

優雅なティータイム

Sugar
Tea time
café

p22　実物大図案：p80

小さな動物たち

dog
HAPPY BEAR
cat

p50　実物大図案：p83

大好きなアルファベット

ABCD
EFGHI
JKLM

NOPQ
RSTUV
WXYZ

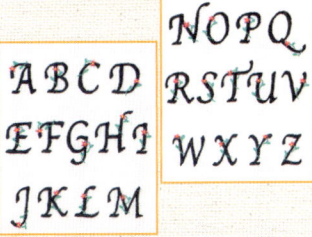

p62-63　実物大図案：p86-87

人気の小さなお花

Love
Petit Flower
SWEET

p18　実物大図案：p78

華やかなクロスステッチ

SWEET

p39　実物大図案：p81

女の子の好きな雑貨

Flower
Accessory
Tea time
SWEET LIFE
Makeup time
School
TENDER HEART

p54　実物大図案：p84

ハッピーなベビー

BABY
duck
HELLO!

p66　実物大図案：p88

おしゃれなパリ

Mercerie
Paris
FRANCE

p21　実物大図案：p79

かわいいブランケットステッチ

p45　実物大図案：p82

憧れの手芸小物

BUTTON
Sewing
Knit
SEWING MACHINE

p58　実物大図案：p85

夢見るブライダル

HAPPY WEDDING
SWEET HOME

p70　実物大図案：p89

小　物

ハンカチ

p16 How to make : p77

ポーチ

p19 How to make : p78

バッグ

p20 How to make : p79

コースター

p23 How to make : p24~35

コースター

p37 How to make : p80

ティッシュケース

p38 How to make : p41

カードケース

p42 How to make : p90

カード

p42 How to make : p91

小さな額

SWEET

p43 How to make : p87

ピンクッション

p44 How to make : p47

タオル

p48 How to make : p86

小さな巻き尺

p49 How to make : p82

小さながま口

p51 How to make : p83

巾着

p56 How to make : p57

はさみケース

p60 How to make : p61

ベビースタイ

p68 How to make : p69

がま口

HAPPY
BEAR

p52 How to make : p53

ソーイングケース

p59 How to make : p85

カメラケース

A

p64 How to make : p65

ブライダルフレーム

p71 How to make : p89

小さな巾着

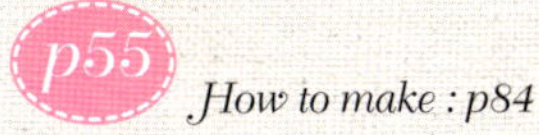

p55 How to make : p84

針ケース

p60 How to make : p61

ベビーフレーム

p67 How to make : p88

ブライダルピロー

p72 How to make : p73

好きな小物をつ作りましょう!

SWEET

class 1

刺しゅうが
かわいい
小物たち

キュートなワンポイント

初めてでも大丈夫！

一針一針ていねいに
楽しんで刺しましょう。
まずはハンカチから……

Sweet Heart

How to make p77

PRINCESS
Peace
Sweet Heart

実物大図案 p77

小さなワンポイントがあるだけで
ちょっとうれしいオリジナル……

好きなモチーフで
刺しましょう……

Love
Petit Flower
SWEET

実物大図案 p78

お花の優しさが
刺しゅうにぴったり……

描くように
楽しく刺しましょう……

人気の小さなお花

小さなお花は
どこにでも似合います……

好きなところに
好きな色で刺して……
ポーチにも

How to make p78

おしゃれなパリ

エッフェル塔を刺しゅうしただけで
フレンチ小物に……

持っているバッグに刺してもステキ……

Paris

How to make p79

Mercerie
Paris
FRANCE

実物大図案 p79

カラフルに刺さなくても
一色で刺してもOK……

シルバーやゴールドの糸を
少し使うとおしゃれに……

Sugar
Tea
café
Tea time

実物大図案 p80

グレーのアウトラインが
ちょっとおしゃれ……

茶色にしても
カラフルにしても
1つの図案でいろいろに楽しんで……

優雅なティータイム

お茶の時間が楽しくなる
かわいいコースター……

布の色に合わせて
糸の色を選んでもいいですね……

Tea time
Tea time

How to make p24-35

いろいろなステッチで刺してみましょう！

まず、材料をそろえましょう！

刺しゅうする布に刺しゅう糸、材料だけでワクワクしますね。
針やはさみ…用具も揃えて、さあ、はじめましょう！

この本の刺しゅう糸はオリムパス製絲株式会社の刺しゅう糸を使用しています。

◉ 刺しゅう糸

25番刺しゅう糸を使います。

1046
1046

ラベルに表記されているのが色の番号です。

ラベルは最後までつけておきましょう。

刺しゅう糸は細い糸６本で１本になっています。この本の刺しゅう糸の本数はこの細い糸の本数です。

針

フランス刺しゅう用の針穴が大きくなっている針を使います。刺しゅう糸の本数によって、針を使い分けます。

7号：2～3本どり

8号：1～2本どり

9号：1本どり

刺しゅう枠

枠があると布がピンと貼るので刺しゅうしやすくなります。
この本では小さい枠を使っています。

チャコペーパー

この本では、片面で、水で消えるタイプを使っています。
図案を写すのに使います。
色は布に合わせて、見えやすい色を選びます。

はさみ

刺しゅう用の先のとがった物と、布の切れる物を用意します。

図案

本の図案をコピーするか、紙に写したものを用意しましょう。
コピーなら、刺しゅうする物にあわせて拡大縮小することもできますね。

布

どんな布でもOK!身近にある布に刺すことができます。

セロハン、ボールペン

図案を写すときに使います。

平織りの綿や麻の布が刺しやすいでしょう。

接着芯

薄手の布目のあるタイプが使いやすいです。
薄い布や、のびる布に貼ると、しっかりして、刺しゅうしやすくなります。

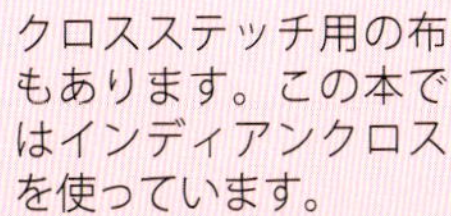

クロスステッチ用の布もあります。この本ではインディアンクロスを使っています。

図案を写しましょう!

23ページのコースターを作りながら、覚えていきましょう！

Tea time

Tea time

図案は28ページにあります

図案がきれいに写されているだけで仕上がりが違います。
ゆっくりと、ていねいに写しましょう。

1

布を刺しゅうしやすいように大きく切り、接着芯を貼ります。

2

布を表に置き、その上にチャコペーパーを裏返してのせます。

Tea time

3

図案をのせ、まち針でとめます。

Tea time

4

セロハンをのせます。
(セロハンはボールペンのすべりをよくします)

Tea time

5

ボールペンで上から図案をなぞり、写します。

図案が写せました!

Tea time

刺しゅう糸を針に通しましょう!

1046

刺しゅう糸の取り方や糸の通し方にはちょっとしたコツがあります。
やりやすい方法なので、覚えましょう。

糸の取り方

1
刺しゅう糸のラベルを持ち、糸端を引きます。
絡まないように、ゆっくり引きます。

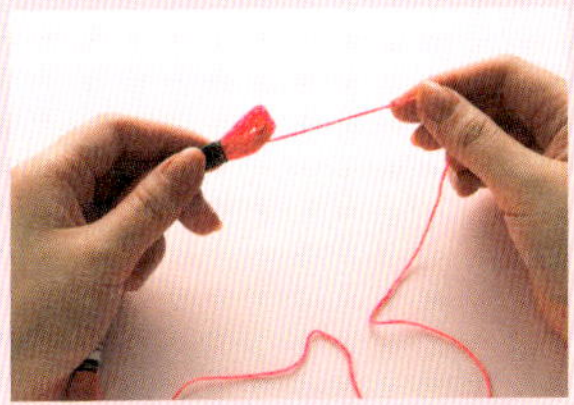

2
50cmぐらい引き出します。

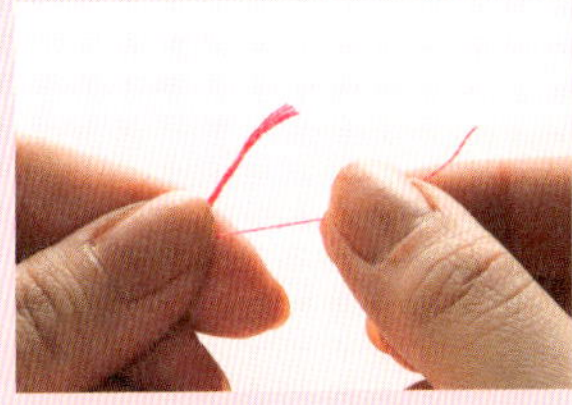

3
切った糸の根元を持ち、1本ずつ引き出します。
※2本必要なときも1本ずつ引き出します。

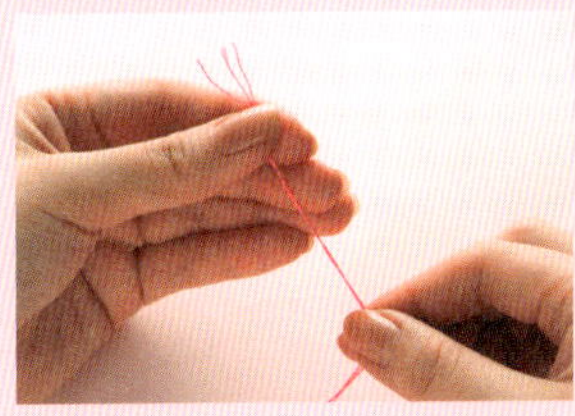

4
1本ずつ引き出し、必要な本数を合わせます。

1本ずつ合わせると、糸がふわっとするので、できあがりがきれいです。

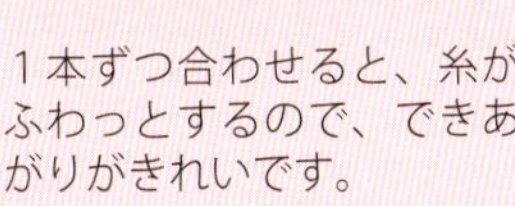

糸の通し方

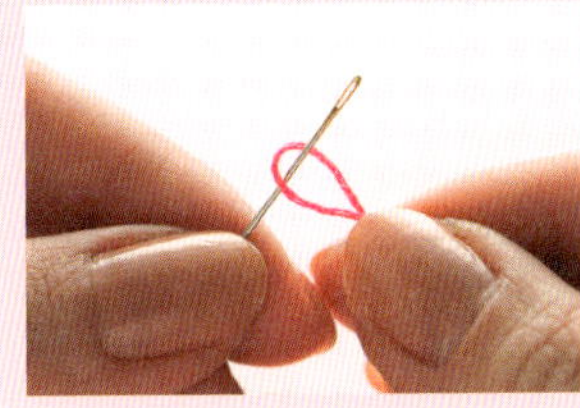

1
針に糸の10cmぐらいのところをかけます。

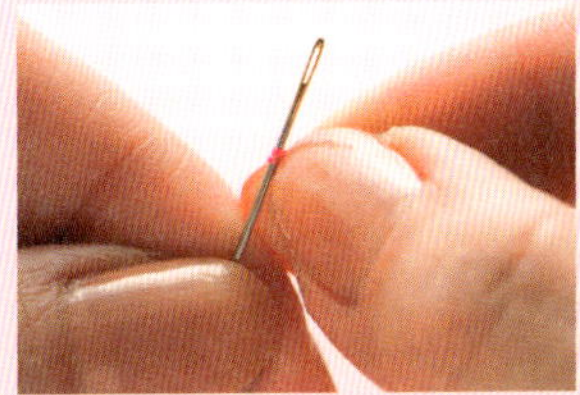

2
根元まで押さえ、折り癖をつけます。

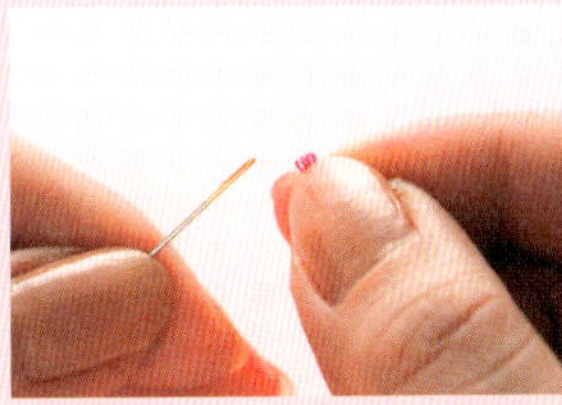

3
そのまま針から糸を引き抜き、糸端をつぶします。

4
つぶれた先を針に入れます。

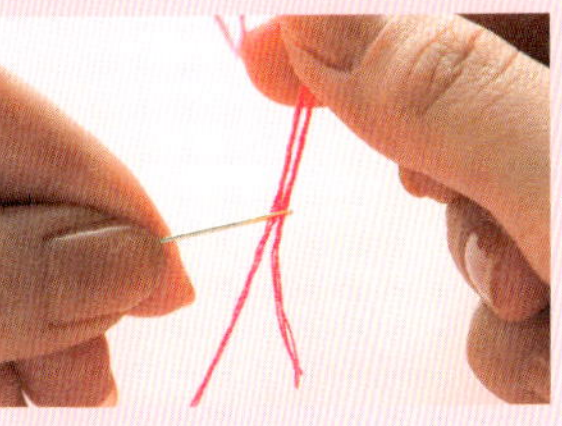

5
先が通ったら、糸を引き抜きます。

枠をつけましょう!

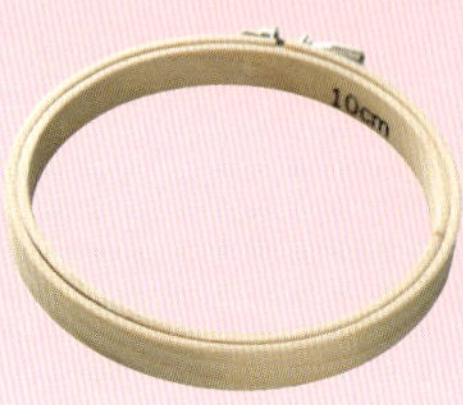
10cm

枠があると、布が縮まらずにきれいに刺せます。
ワンポイントの刺しゅうなので、小さな枠でよいでしょう。

1

枠の内側を置きます。

2

枠の上に図案を写した布を置きます。

3

上から枠の外側をはめます。(ねじで調節し、ピンと張ります)

枠の持ち方

この本では直径10cmの枠を使っています。
小さな枠が初心者には、使いやすいです。

図案の見方

＊指定以外はバックステッチ２本どり
数字だけで、他の指定がないのは、ここではバックステッチ２本どりです。
3051
ストレート
(1) 1046
レゼーデージー
(2) 103
2071
3051
S105
フレンチナッツ (1) 2071
チェーンステッチ (2) 1046
Tea time

刺しゅう糸の色番号
3051
レゼーデージー (2) 103
ステッチ名
刺しゅう糸の本数
刺しゅう糸の色番号
刺しゅう糸の本数

さあ、刺しゅうをしましょう!

まずは、糸のはじめと終わりを覚えましょう。

この本では、初心者でもやりやすいように、玉結びと玉どめをしています。
上手になったら、玉結びと玉どめを作らないで糸端を絡めてやる方法もあります。

はじめ：玉結び

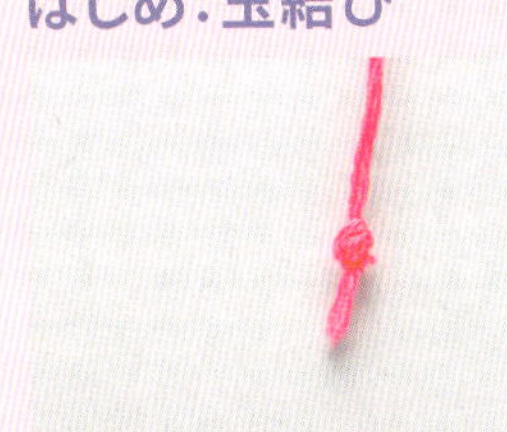

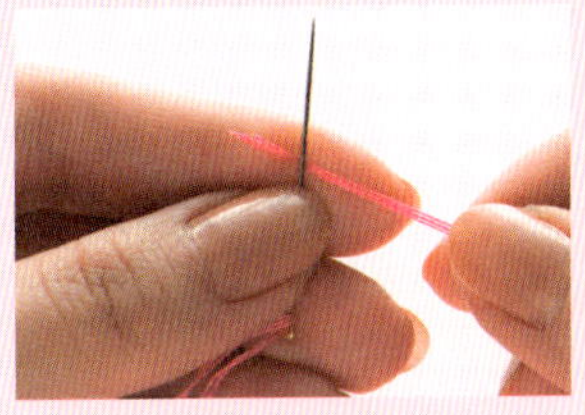

1
糸端を針と指の間に挟みます。

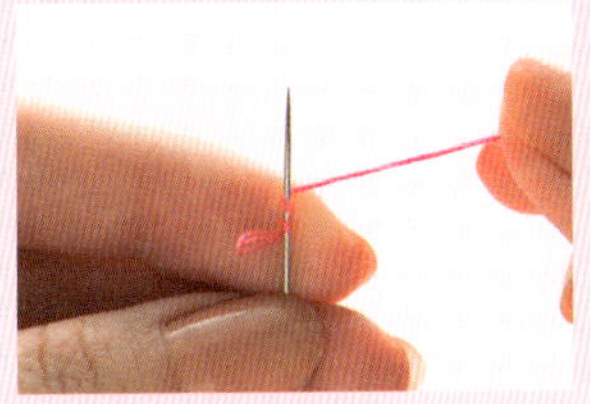

2
針に糸を２回巻きつけます。

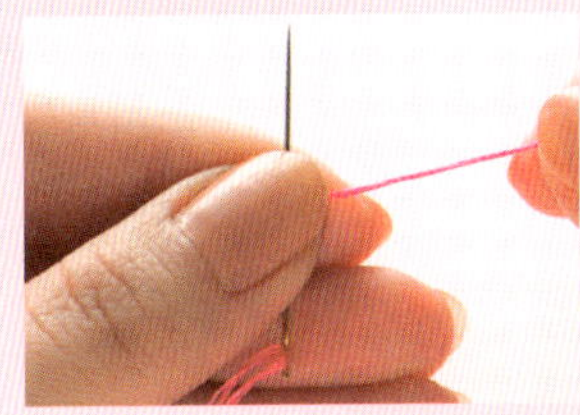

3
巻いたところを指で押さえます。

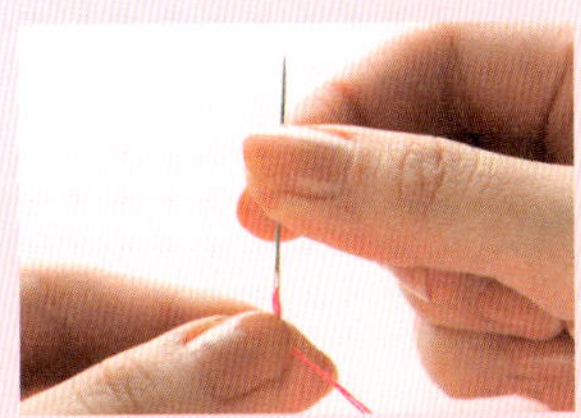

4
そのまま針を引き抜きます。

終わり：玉どめ

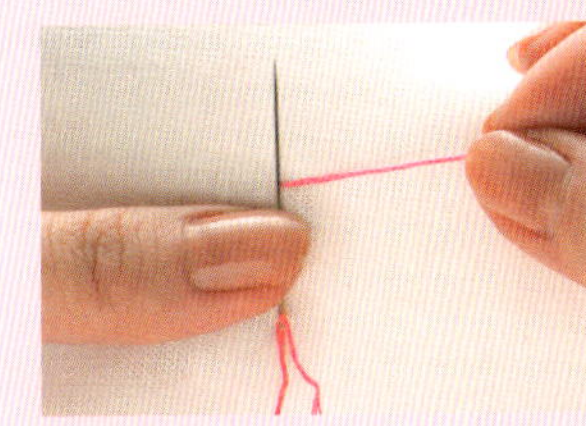

1
糸の出ている横に針をあてます。

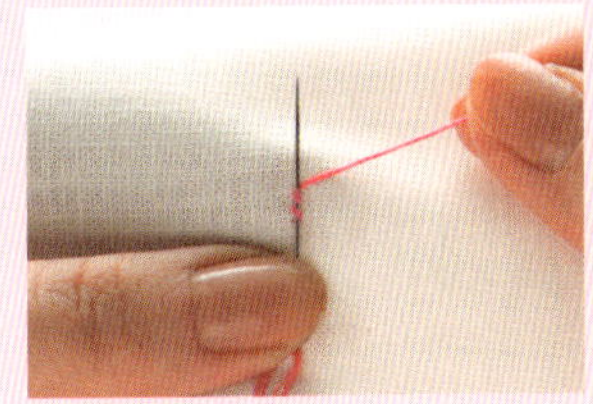

2
針に糸を2回巻きつけます。

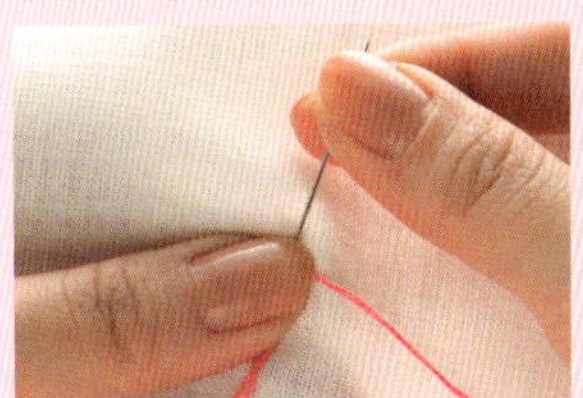

3
親指で押さえて、針を抜きます。

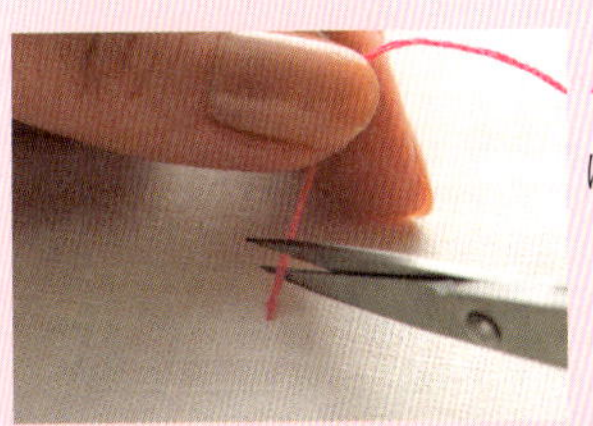

4
はさみで糸を切ります。

輪郭から刺していきましょう。

バックステッチ

輪郭線などに使うもっともシンプルなステッチです。後ろに戻るようにして、前へ進みます。

1046
1045
125
3051
229

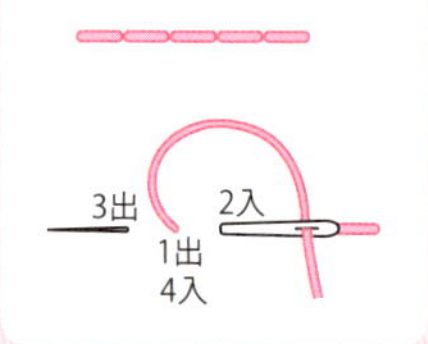
3出
2入
1出
4入

1
1針分、先のところから、糸を出します。

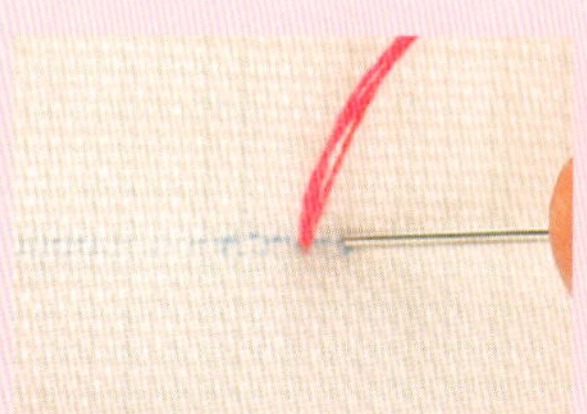

2
戻るように、はじめのところに針を入れます。

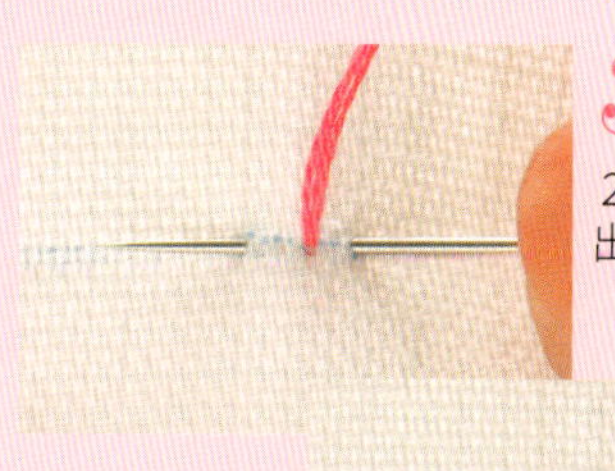

3
2針分、先のところに針を出します。

1目できました。

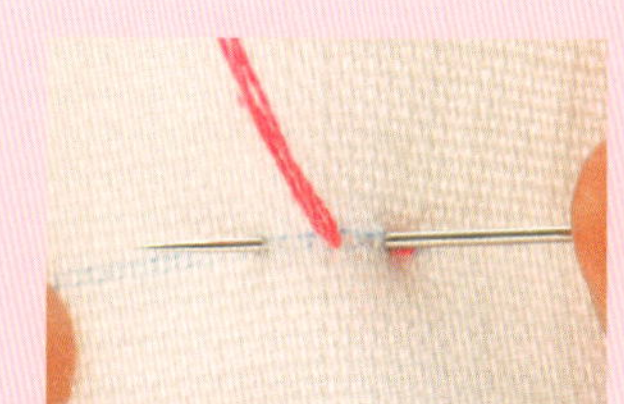

4
1 のところに針を入れ、2針分、先のところに針を出します。

これを繰り返します。

バックステッチができました。

フレンチナッツステッチ

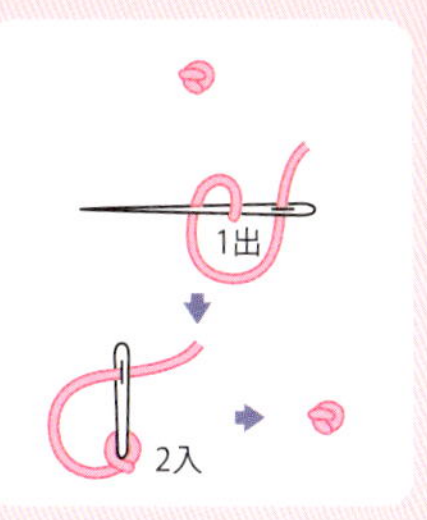
1出
2入

点を表現するステッチです。巻きつける回数で大きさが変わります。

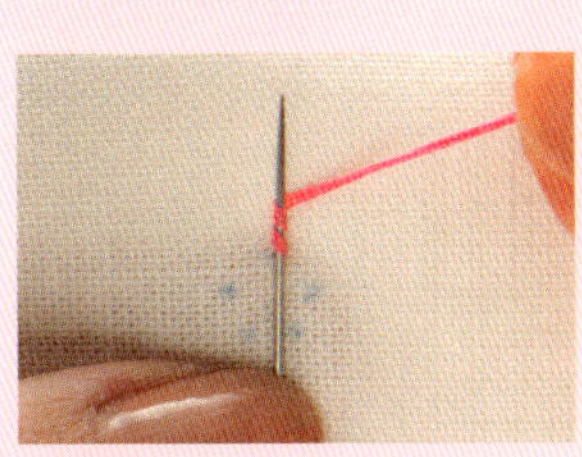

1 糸の出ている横に針をあてます。

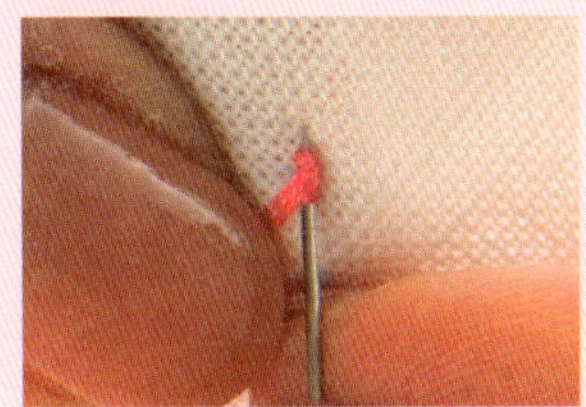

2 針に糸を２回巻きつけます。

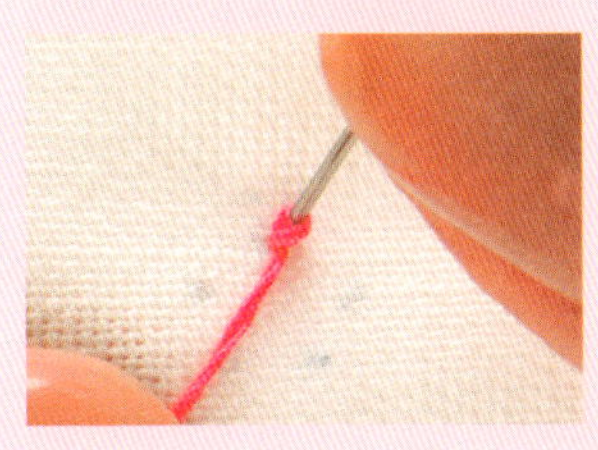

3 針を下にずらします。

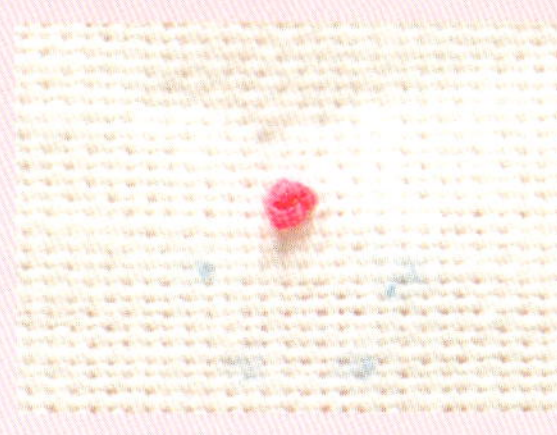

4 針を起こして、1 の横に刺します。

5 そのまま針を裏に引きます。

＊小さいフレンチナッツにするときは、2を１巻きにします。

サテンステッチ

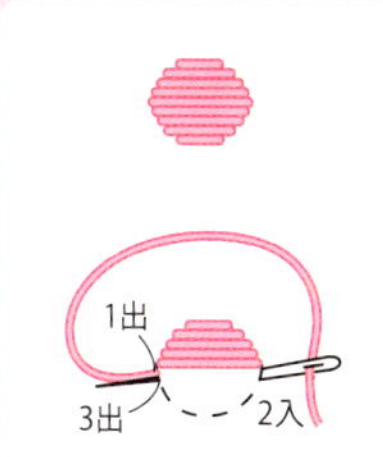
1出
3出
2入

面を塗りつぶすときに使うステッチです。糸がよれないようにするときれいです。

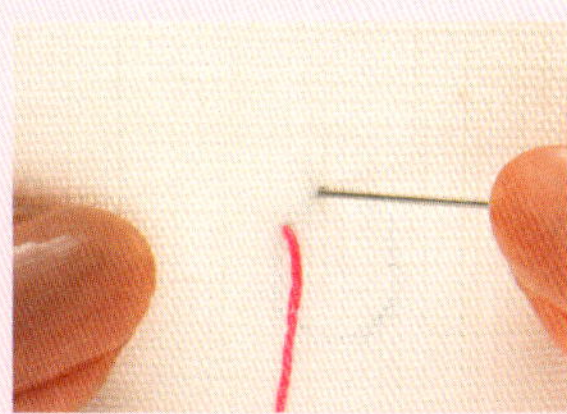

1 輪郭の端から、糸を出します。

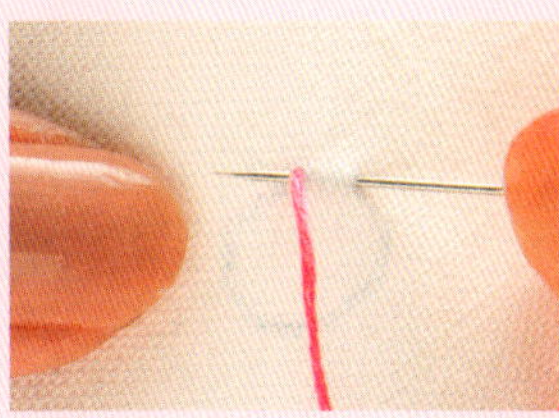

2 輪郭の斜め上に針を入れます。

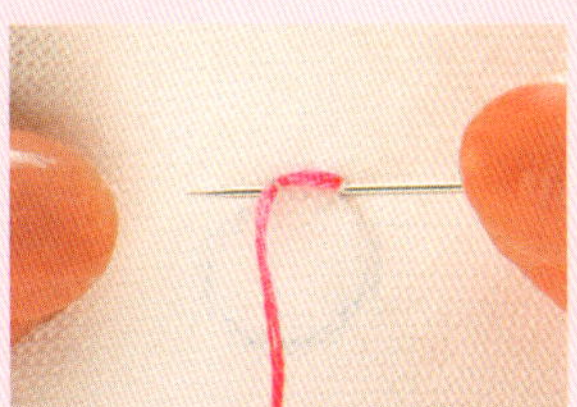

3 1と平行に次のステッチが輪郭とぶつかるところに針を出します。

4 繰り返して、塗りつぶすように刺します。

フレンチナッツステッチとサテンステッチができました。

チェーンステッチ

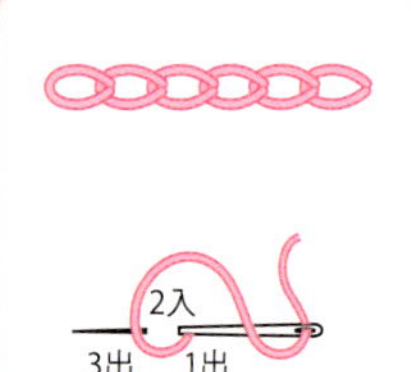
2入
3出
1出

輪をつなげていくステッチです。太いラインを表現したいときに使います。

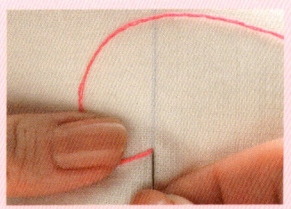

1
糸を出したら、糸を丸く形にします。

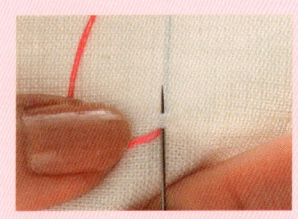

2
1 の横に針を刺します。

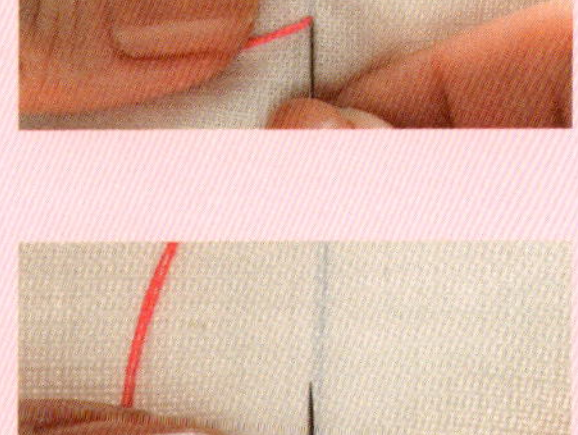

3
まっすぐ上に針を出します。

4
糸を引きます。

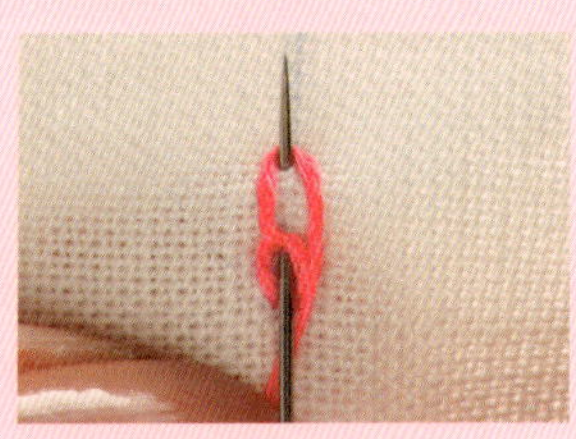

5
繰り返して、刺します。

レゼーデージーステッチ

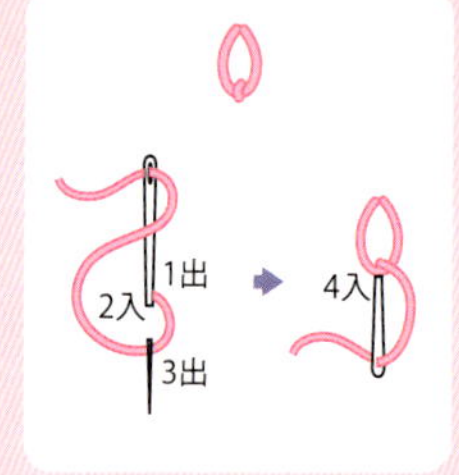
1出
2入
3出
4入

チェーンステッチを１つだけ刺す方法です。花びらなどに使います。

1
1～ *4* までチェーンステッチと同じです。

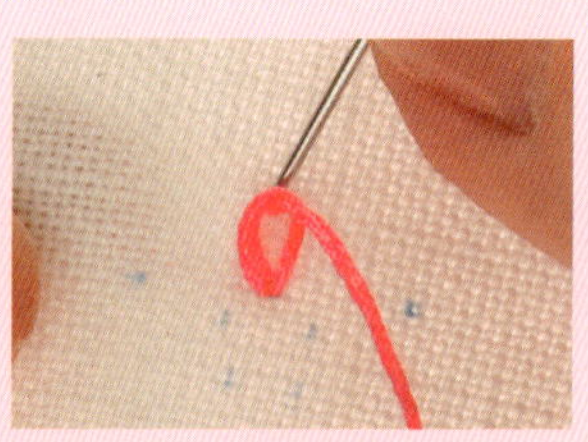

2
糸を出した上に輪にした糸をまたいで、針を刺します。

3
糸を引きます。

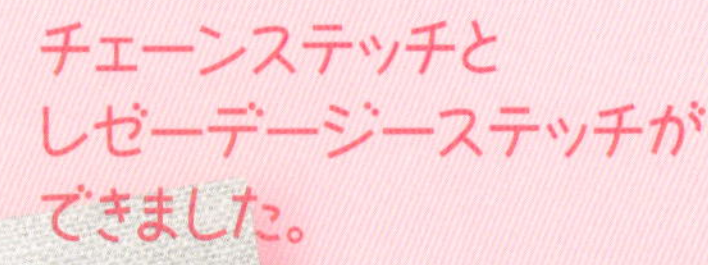

チェーンステッチとレゼーデージーステッチができました。

Tea time

ストレートステッチ

3出
1出
4入
2入

1針で表現するステッチです。あまり長い距離にはむかないステッチです。

1
図案の端から糸を出します。

2
反対の端に針を入れます。

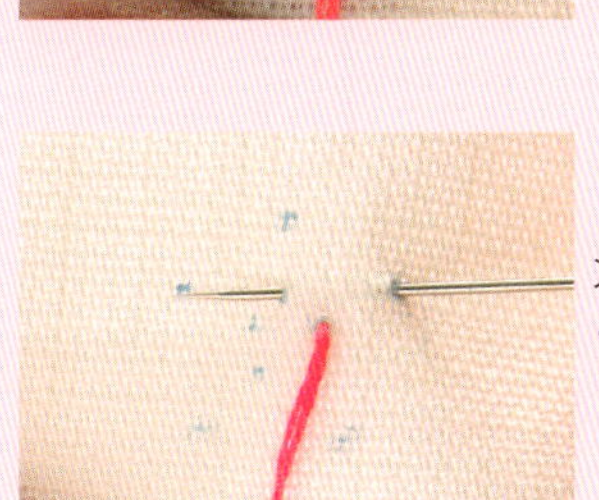

3
次に刺したいところから針を出します。

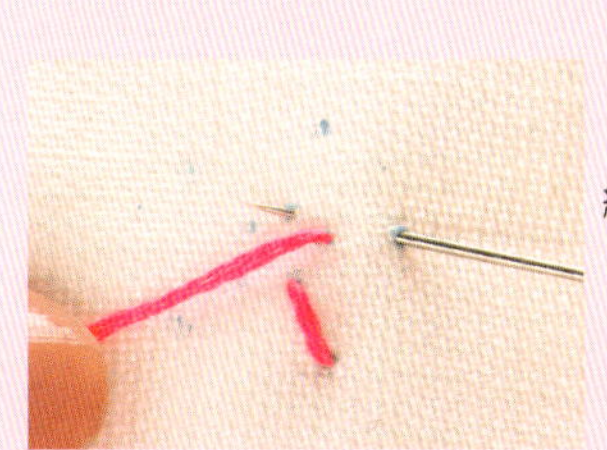

4
繰り返して、刺します。

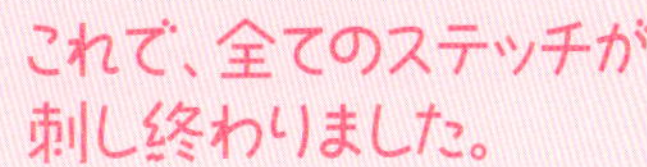
これで、全てのステッチが
刺し終わりました。

Tea time

仕上げにアイロンをかけましょう!

1
裏側にして置き、霧吹きで軽くしめらせます。

2
裏側から中温～高温のアイロンをかけます。

アイロンをかける前に

図案を写したチャコペーパーの線が消えていないときは、水をつけた綿棒でたたいて、消してからアイロンをかけましょう。

手縫いで仕上げましょう!

刺しゅうが終わったら、
毎日使える小物作りにもチャレンジ！
かわいいコースターに仕上げましょう。

同じに見えますが、半返し縫いは戻って縫っているので丈夫です。

半返し縫いで形に縫いましょう。

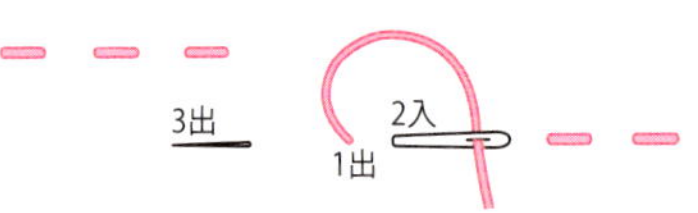

3出
2入
1出

半分ずつ戻る縫い方で、手縫いのときの基本の縫い方です。

1

1針分、先のところから、糸を出します。

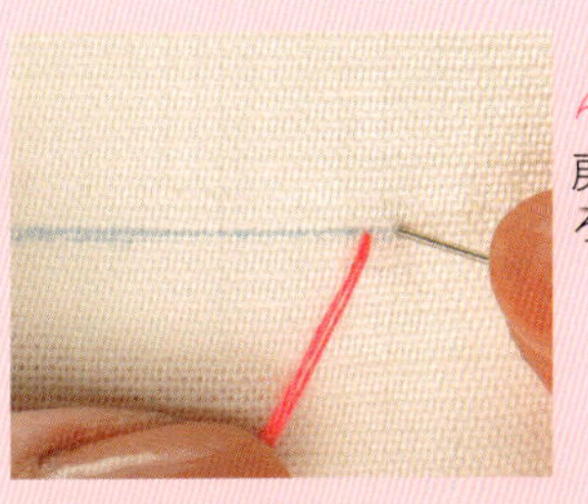

2

戻るように、はじめのところに針を入れます。

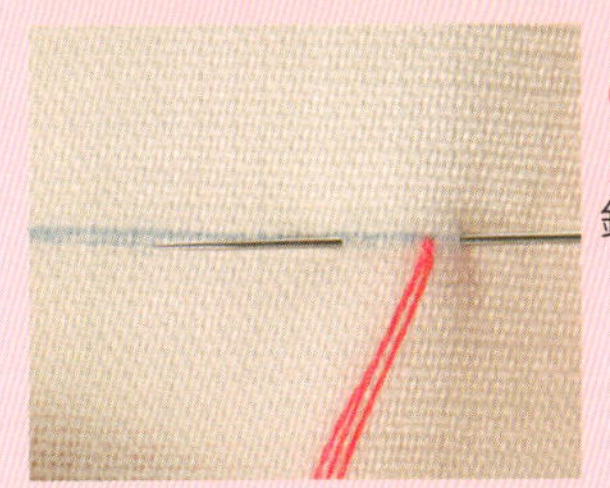

3

1 から2針分先のところに針を出します。

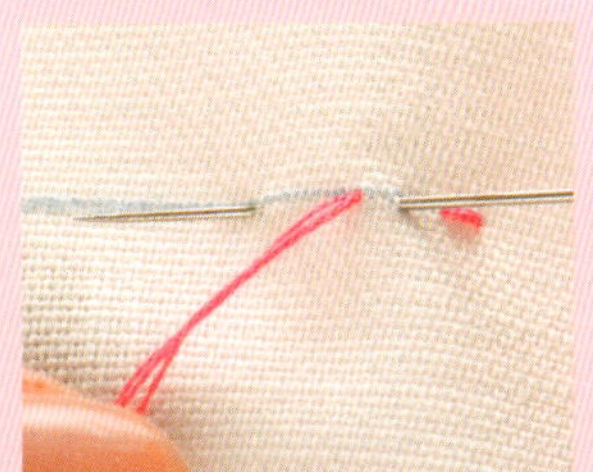

4

糸を引き、同じように1針分戻ったところに繰り返して刺します。

ランニングステッチで仕上げましょう。

3出
1出
2入

普通に縫った感じ、並縫いと同じように見えるステッチです。

1

端に糸を出します。

2

1針先に針を入れます。

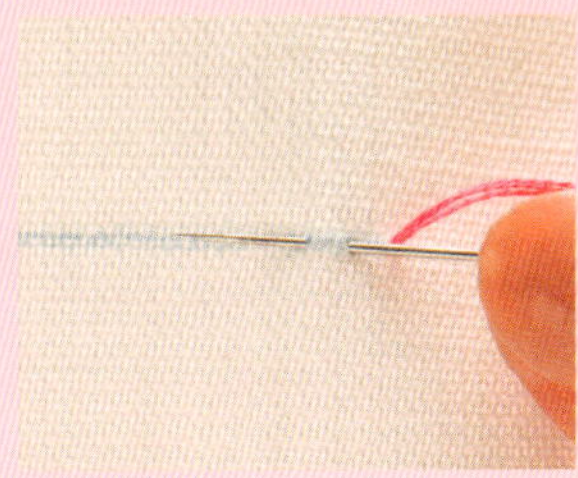

3

1針先に針を出します。

4

同じように繰り返して、刺します。

コースターの作り方

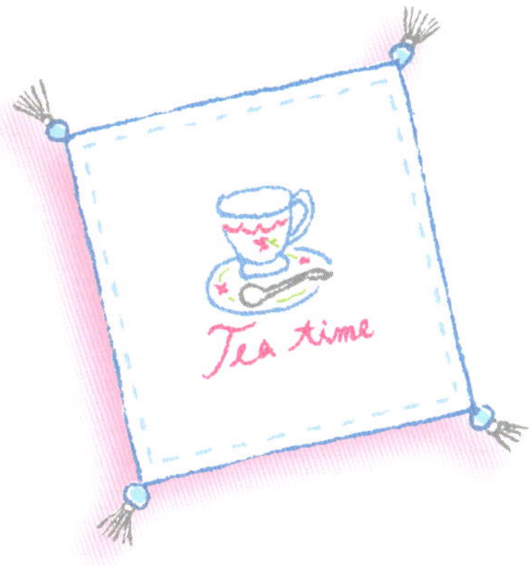

材 料

＜白＞ 布：[リネン地](白)30cm×15cm　接着芯：[薄手]30cm×15cm
パールビーズ：[直径0.4cm](水色)4個

＜ピンク＞ 布：[リネン地](ピンク)30cm×15cm　接着芯：[薄手]30cm×15cm
パールビーズ：[直径0.4cm](ピンク)4個

作り方 ＊刺しゅうの実物大図案は28ページ

1. 少し大きめに切った布に接着芯を貼り、刺しゅうをし、大きさに切ります。

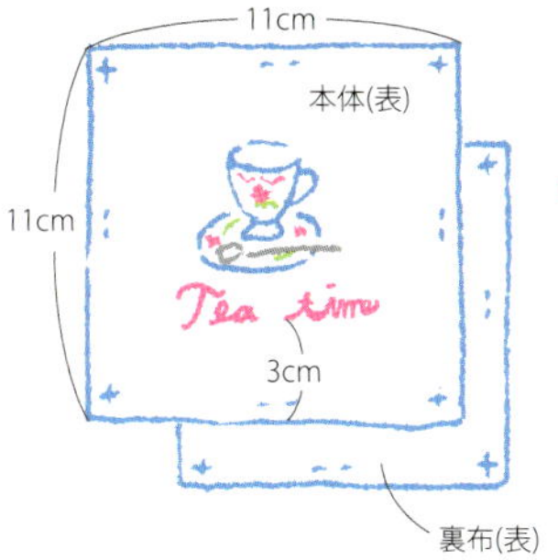

11cm
11cm
本体(表)
3cm
裏布(表)

2. 2枚を縫い合わせます。

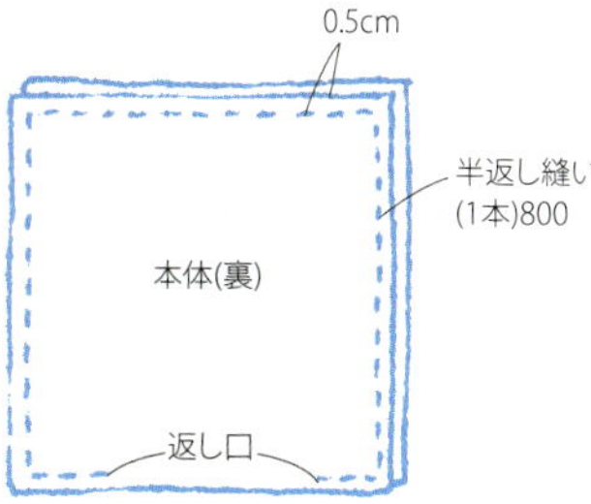

0.5cm
半返し縫い
(1本)800
本体(裏)
返し口

3. 表に返し、アイロンをかけます。

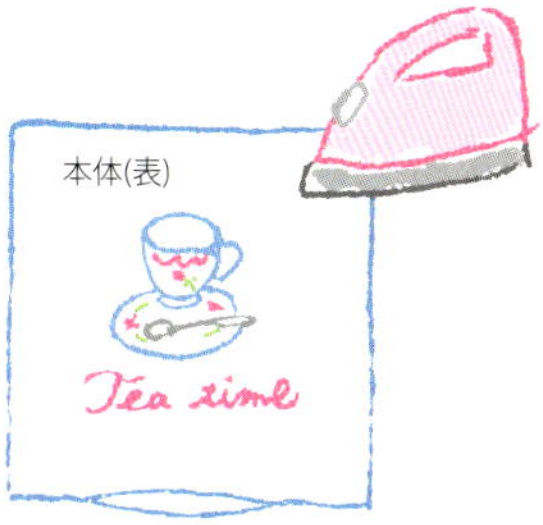

本体(表)

4. 返し口をとじます。

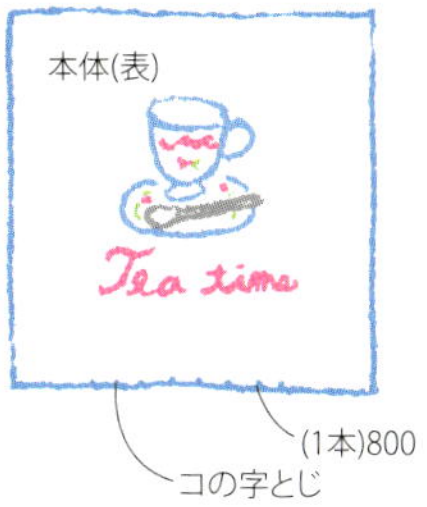

本体(表)
(1本)800
コの字とじ

5. まわりをステッチします。

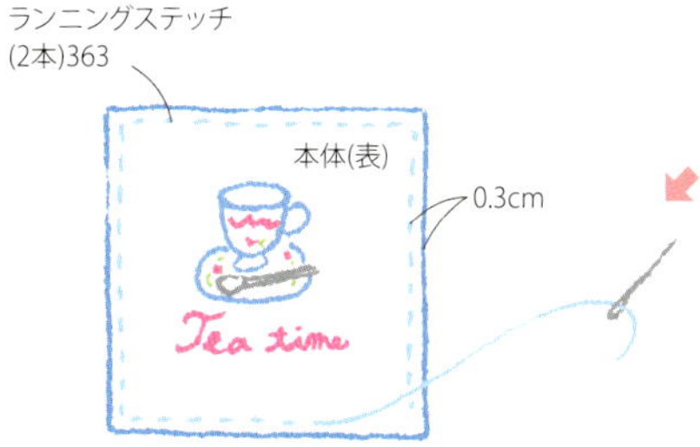

ランニングステッチ
(2本)363
本体(表)
0.3cm

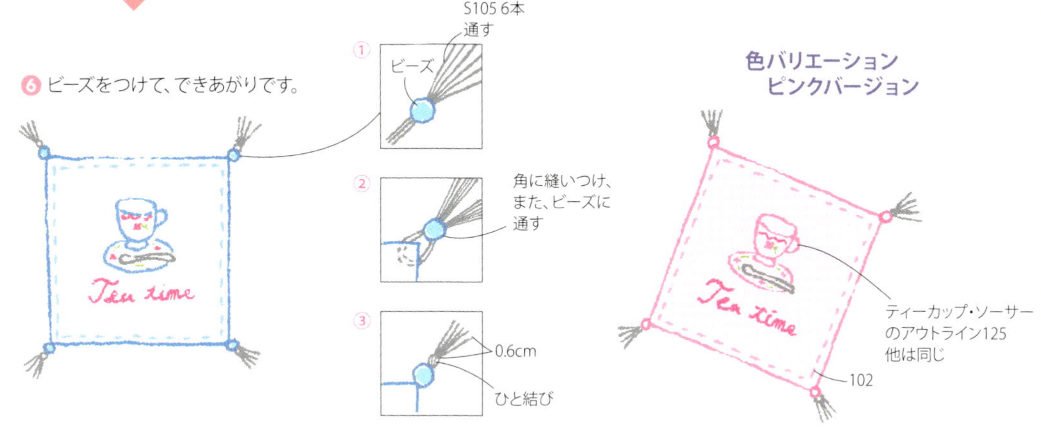

6 ビーズをつけて、できあがりです。
① S105 6本
通す
ビーズ
② 角に縫いつけ、
また、ビーズに
通す
③ 0.6cm
ひと結び
色バリエーション
ピンクバージョン
ティーカップ・ソーサー
のアウトライン125
他は同じ
102

最後の糸を切ったら
できあがり……

Tea time

Tea time

布の色を変えて……

刺しゅう糸の色も少し変えて……
色の組み合わせを考えるのも楽しい

コースターバリエーション

小さな布に
小さな刺しゅう……

プレゼントにもぴったりな
かわいいコースター……

How to make p80

ほかのステッチも刺してみましょう！

華やかなクロスステッチ

××と……
クロスに刺すだけでかわいい……

ふたつきの
ティッシュケースに……

How to make p41

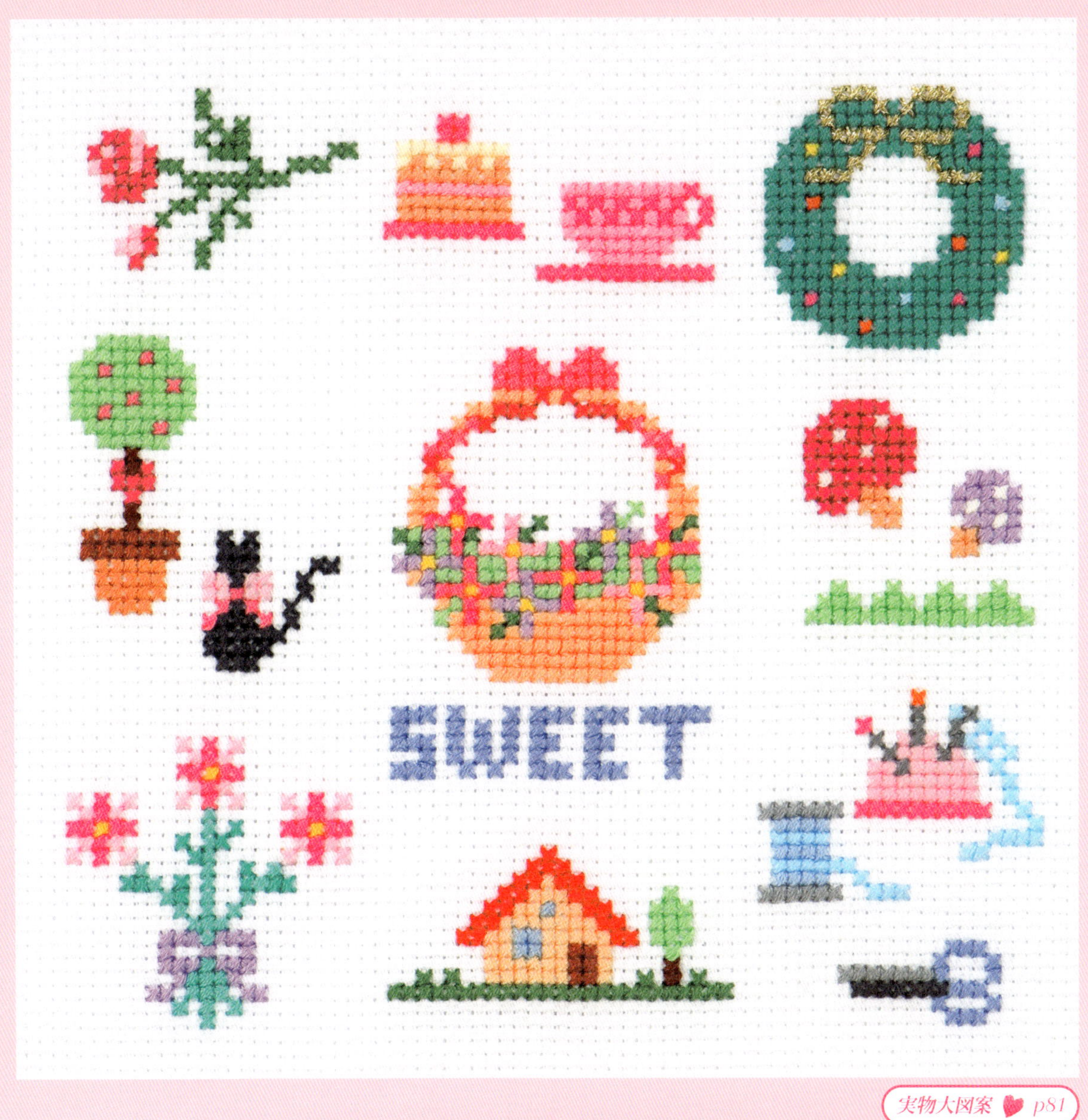
SWEET

実物大図案 p81

初めての人にぴったりな……
クロスステッチ

糸を引きすぎないで……
ふんわり仕上げましょう

クロスステッチを刺しましょう!

クロスステッチ

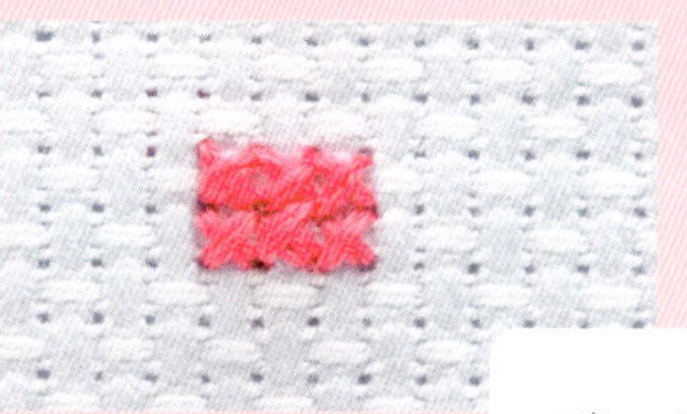

方眼の目の布にクロス模様を刺して、絵を作っていく方法です。

1出
3出
4入
2入

1
左上から糸を出します。

2
右下に針を入れます。

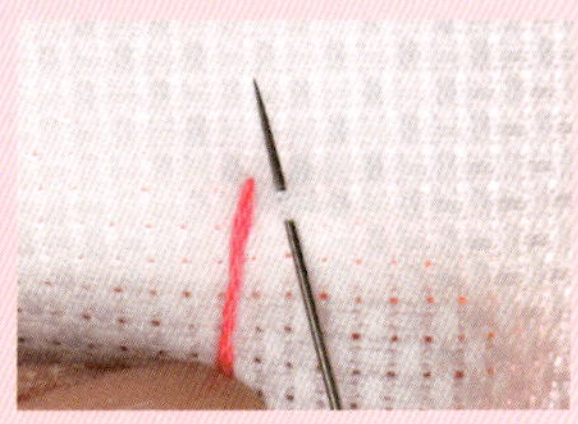

3
糸を出したところと平行なところに右上から針を出します。

4
糸を引きます。

5
左下に針を入れます。

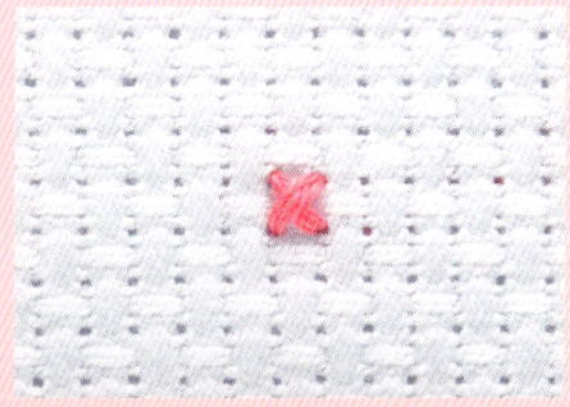

これで1クロスできました。
これを繰り返します。

横に刺す方法

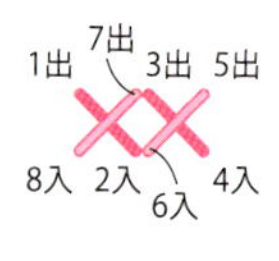
1出
7出
3出
5出
8入
2入
6入
4入

縦に刺す方法

5出
7出
8入
6入
1出
3出
4入
2入

右上がりに刺す方法

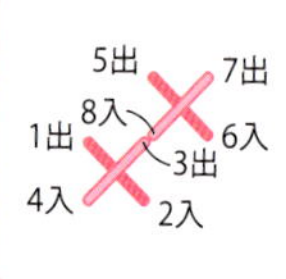
5出
7出
8入
1出
6入
3出
4入
2入

左上がりに刺す方法

5出
7出
6入
8入
3出
1出
4入
2入

ティッシュケースを作りましょう!

材　料

布：[インディアンクロス52目×52目](ピンク)15cm×36cm

作り方

❶ 刺しゅうをし、布を裁ちます。

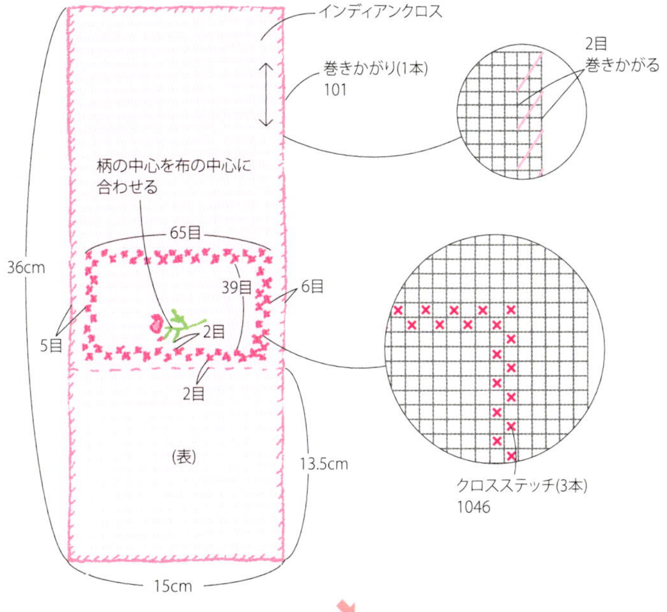

インディアンクロス
巻きかがり(1本)
101
2目
巻きかがる
柄の中心を布の中心に
合わせる
65目
36cm
39目
6目
5目
2目
2目
(表)
13.5cm
15cm
クロスステッチ(3本)
1046

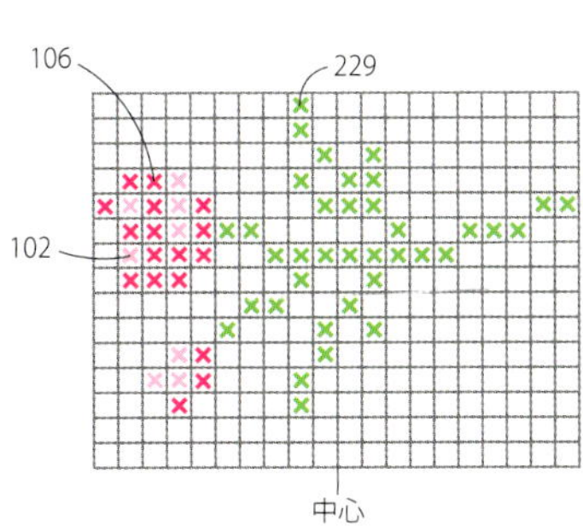

106
229
102
中心

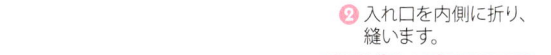

❷ 入れ口を内側に折り、縫います。

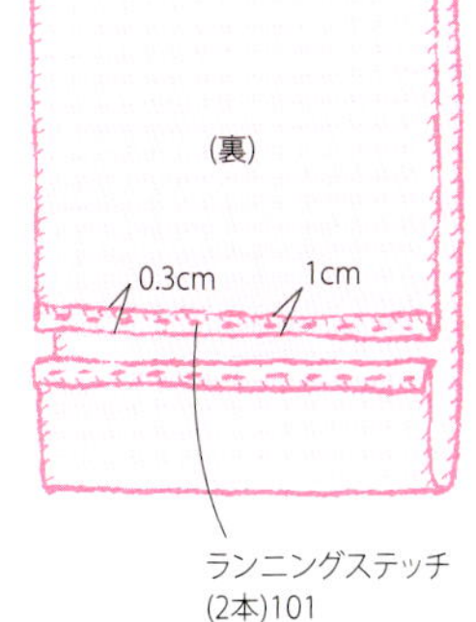

(裏)
0.3cm
1cm
ランニングステッチ
(2本)101

❸ 脇を縫います。

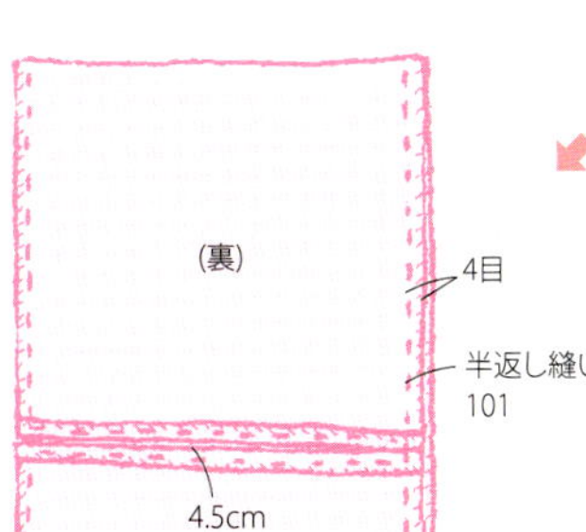

(裏)
4目
半返し縫い(1本)
101
4.5cm

❹ 表に返し、ふたとの境目を縫います。

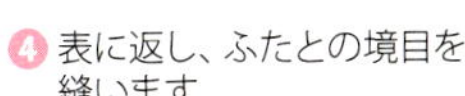

(表)

9cm

ランニングステッチ(2本)
101

ふたつきティッシュケースのできあがりです。

まわりのステッチも
かわいい……
毎日使いたい
カードケース

How to make p90

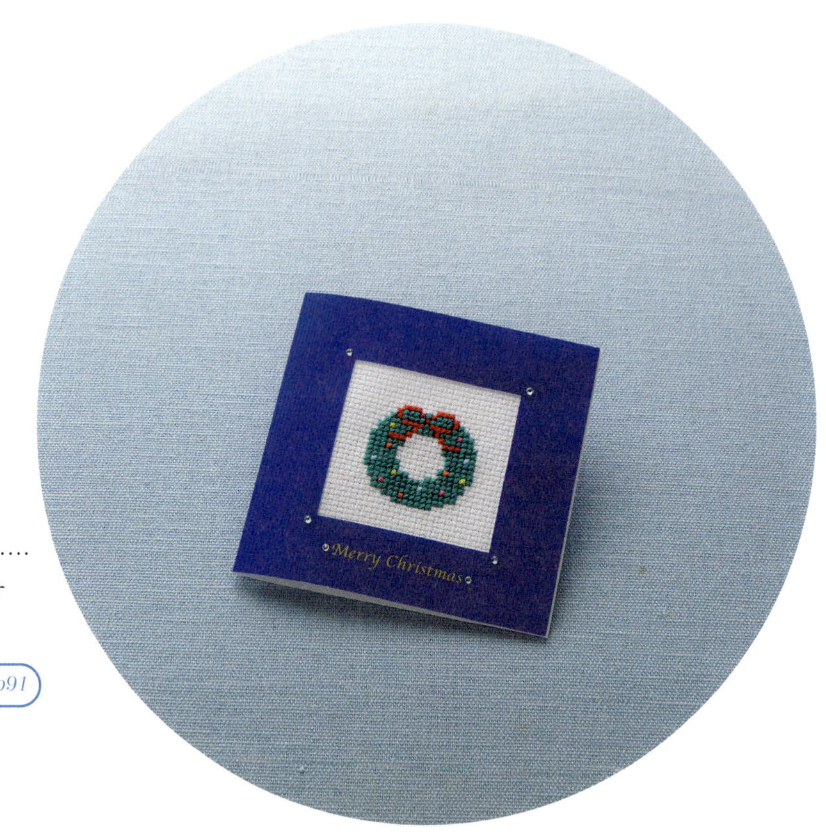
Merry Christmas

飾ってもらえる……
そんなカードです

How to make p91

クロスステッチ
バリエーション

小さなステッチで
小さな額を……

お部屋に１つあるだけで
あたたかな気分に……

SWEET

How to make p87

かわいいブランケットステッチ

ちいさな布を
ブランケットステッチでかがる
だけで……

とってもかわいい
ピンクッションに……

How to make p47

実物大図案 p82

ステッチでアップリケ……
刺しゅう糸の色がポイント！

ベージュやゴールドなら
どんな布にもあいます……

ブランケットステッチを刺しましょう！

ブランケットステッチ

縁どりができるステッチです。端の始末やアップリケに使います。

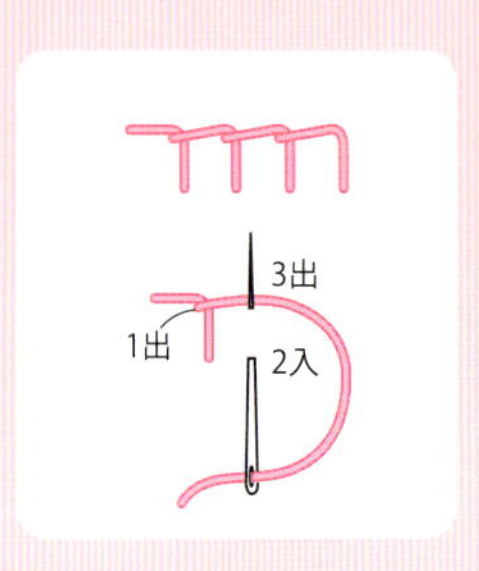

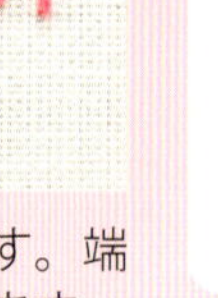

3出
1出
2入

1
端から糸を出し、糸を右側に流します。

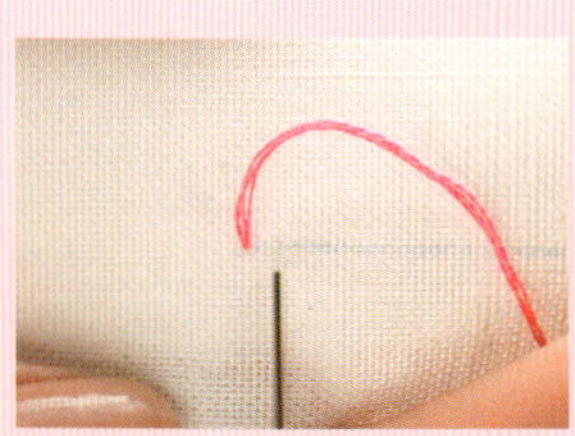

2
斜め下に針を入れます。

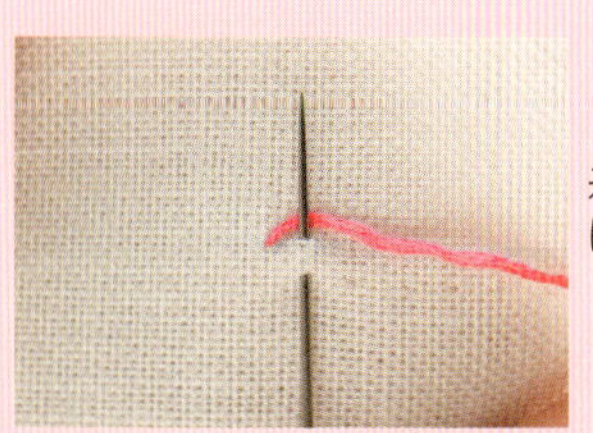

3
糸を下にして、まっすぐ上に針を出します。

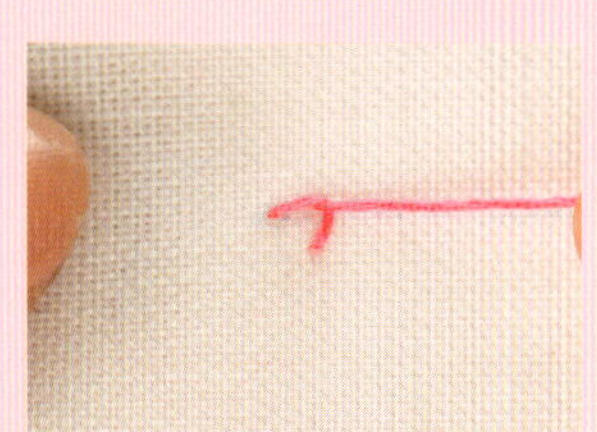

4
糸を引きます。

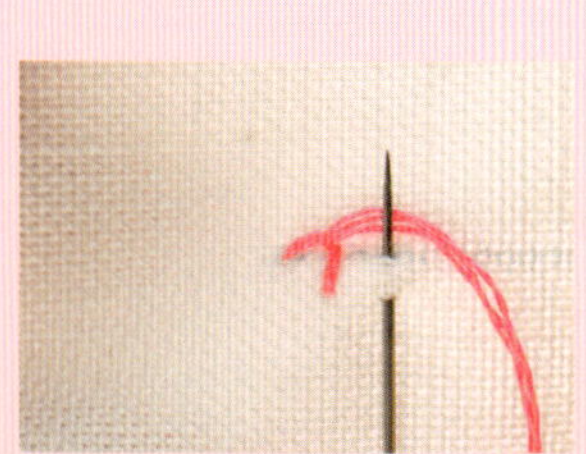

5
繰り返して、刺します。

布を形に切るとき

アップリケ用の布を切る方法です。この方法なら形どおりに切れて、ほつれません。

National

1
使いたい布に接着芯を貼ります。

2
一回り大きく切った図案の型紙をセロハンテープで布の表に貼ります。

3
セロハンテープごと、形どおりにはさみで切ります。

4
切れたところです。

ブランケットステッチのピンクッションを作りましょう!

材料

布：[リネン地](薄茶花柄)24cm×12cm、(ピンクチェック)10cm×10cm、(ベージュ花柄)8cm×8cm　[ブロード地](ピンク花柄)7cm×7cm、(ベージュ花柄)5cm×5cm
接着芯：[薄手]20cm×20cm　綿：適量　ゴールドビーズ：[直径0.4cm] 4個

作り方

❶ 少し大きめに切ったアップリケ用布に接着芯を貼ります。

❷ アップリケ用布を大きさに切ります。

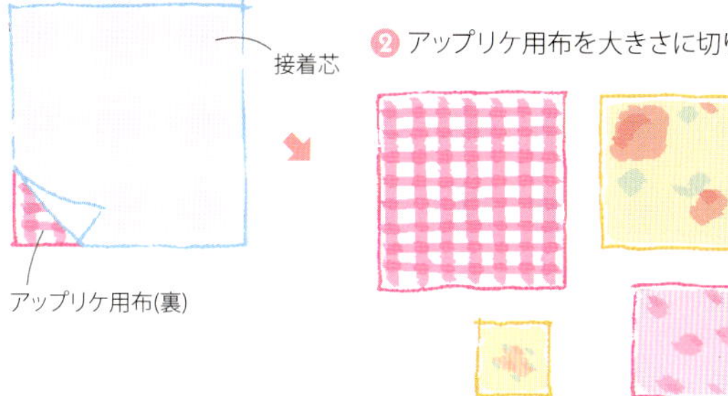
接着芯
アップリケ用布(裏)

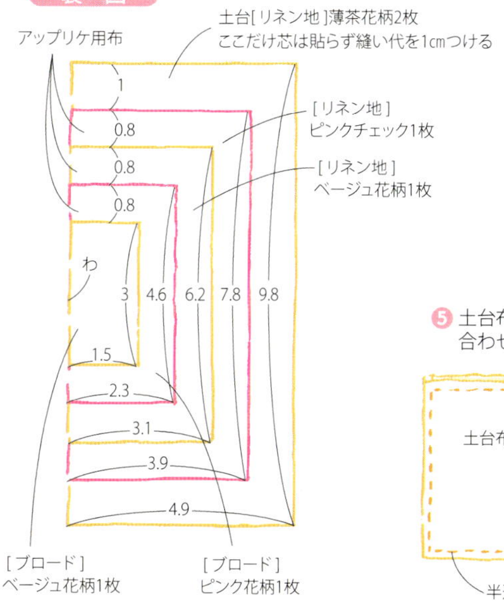

❸ １番上の１枚をその下の布に縫いつけます。

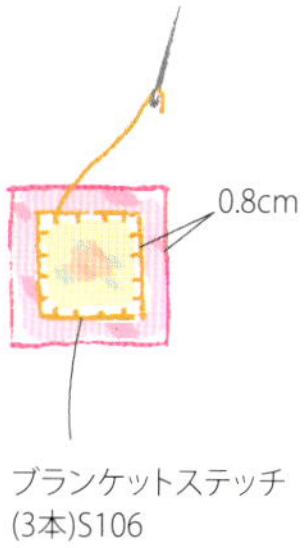

0.8cm
ブランケットステッチ
(3本)S106

❹ 同じように上から順に縫いつけます。

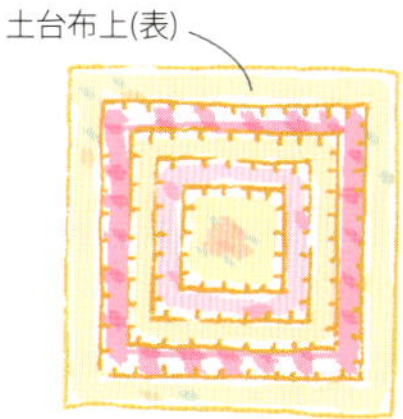

土台布上(表)

❺ 土台布を縫い合わせます。

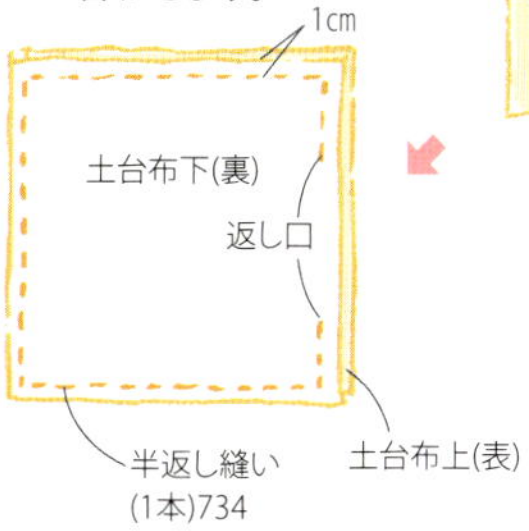

1cm
土台布下(裏)
返し口
半返し縫い
(1本)734
土台布上(表)

❻ 表に返し、綿を入れます

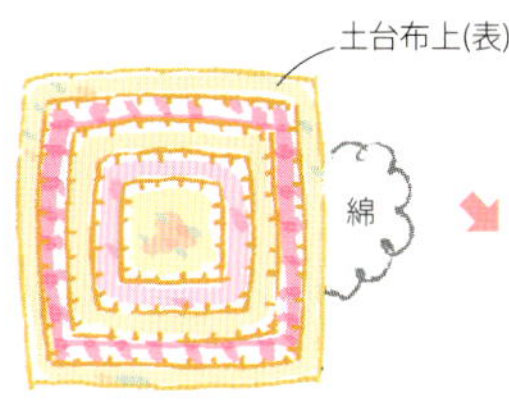
土台布上(表)
綿

❼ 返し口をとじます。

❽ ビーズをつけて、できあがりです。

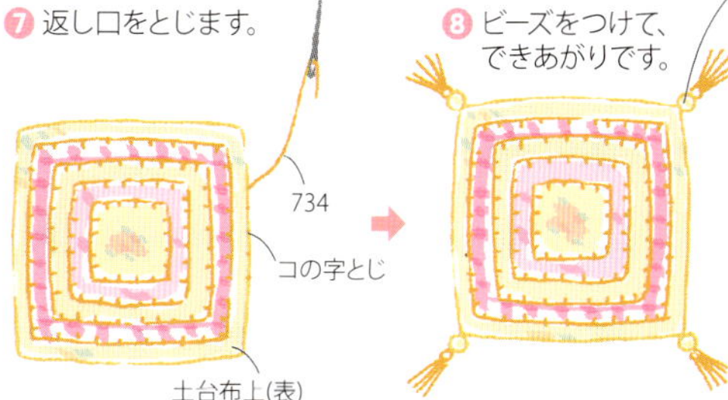
734
コの字とじ
土台布上(表)

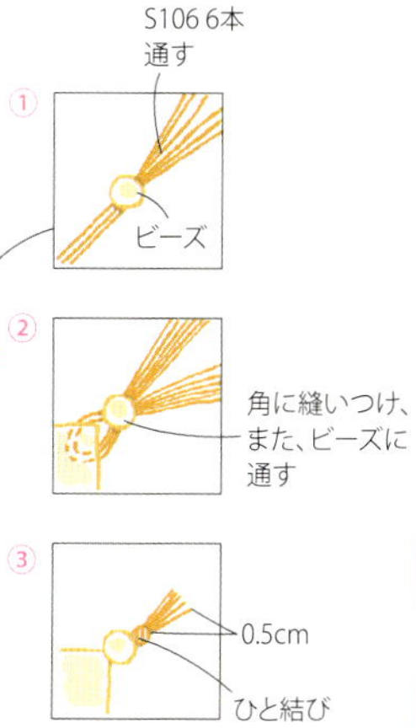

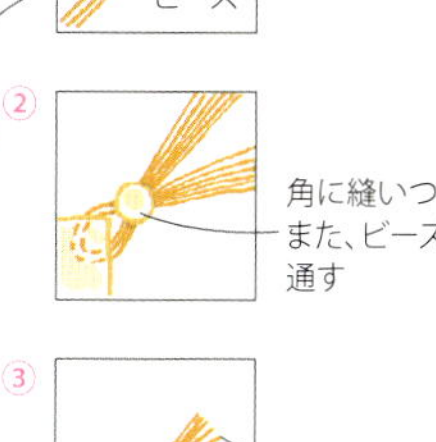
S106 6本
通す
①
ビーズ
②
角に縫いつけ、
また、ビーズに
通す

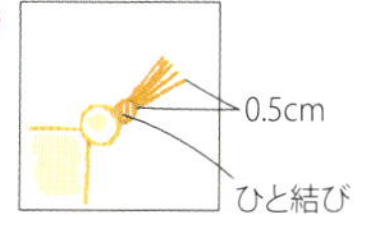
③
0.5cm
ひと結び

製図

アップリケ用布
土台[リネン地]薄茶花柄2枚
ここだけ芯は貼らず縫い代を1cmつける
[リネン地]
ピンクチェック1枚
[リネン地]
ベージュ花柄1枚
1
0.8
0.8
0.8
わ
3　4.6　6.2　7.8　9.8
1.5
2.3
3.1
3.9
4.9
[ブロード]
ベージュ花柄1枚
[ブロード]
ピンク花柄1枚

ちいさなタオルに
グラデーションの糸でステッチ……

縁をかがっただけなのに
こんなにかわいい……

How to make p86B

シンプルなタオルも
ブランケットステッチで
オリジナル……

How to make p86A

ブランケットステッチ バリエーション

ゴールドの刺しゅう糸が
ポイント！

ちいさな巻き尺も
おしゃれに……

How to make p82

dog
HAPPY
BEAR
cat

実物大図案 p83

リボンがポイントの動物たち……

カラフルに刺してもいいし
リボンと２色で刺してもいいし……

色を考えると
もっと楽しい……

小さな動物たち

ワンポイント
刺しゅうするだけで……
オリジナル

小さな動物たちが
とってもキュート！

How to make p83

人気のがま口に
ワンポイント！

刺しゅうもがま口作りも
楽しい……

HAPPY
BEAR

How to make p53

小さな動物たちの がま口を作りましょう!

HAPPY BEAR

材　料

布：[リネン地](水玉ピンク)30cm×16cm　接着芯：[薄手]30cm×16cm
がま口：8.5cm×3.5cm 1個　紙ひも：35cm

作り方

＊刺しゅうの実物大図案は83ページ

① 布に接着芯を貼り、端の始末をします。

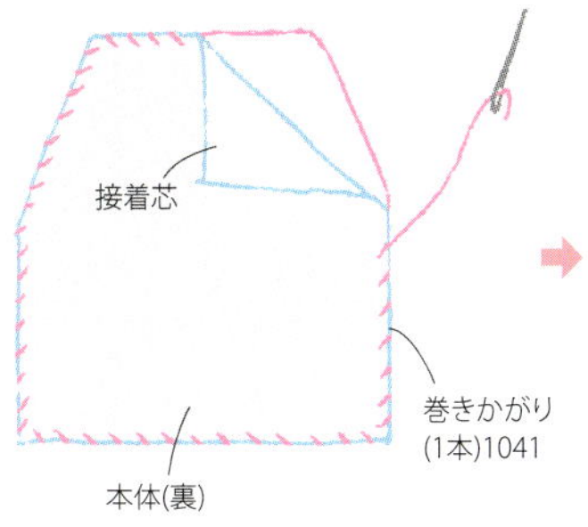

接着芯
巻きかがり
(1本)1041
本体(裏)

② 刺しゅうをします。

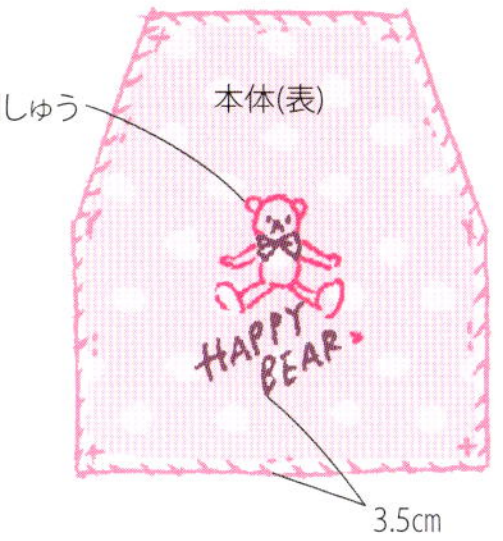

刺しゅう
本体(表)
HAPPY BEAR
3.5cm

製　図

＊(　)内は縫い代です

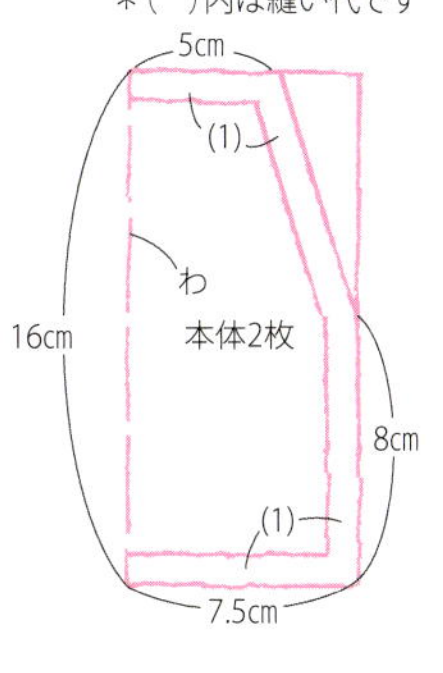

5cm
(1)
わ
16cm
本体2枚
8cm
(1)
7.5cm

③ 本体の脇と底を縫います。

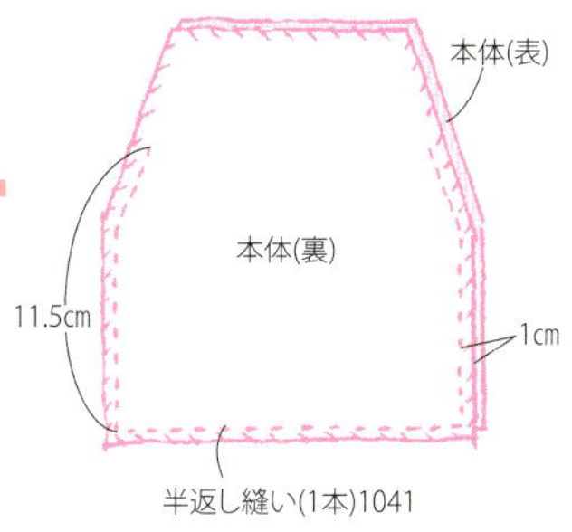

本体(表)
本体(裏)
11.5cm
1cm
半返し縫い(1本)1041

④ 底の脇をつぶし、マチを縫います。

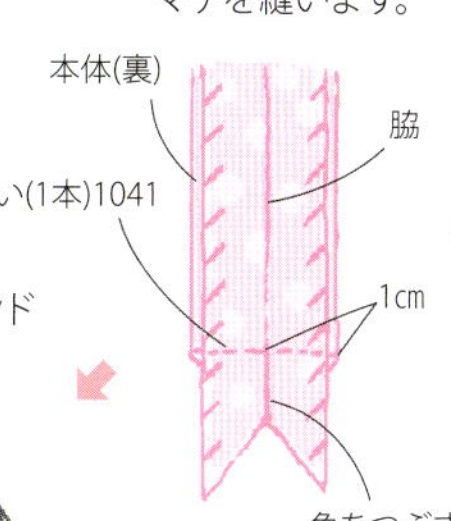

本体(裏)
脇
半返し縫い(1本)1041
1cm
角をつぶす

⑤ 口金の入れ口にボンドをつけます。

竹串
ボンド

⑥ 目打ちを使って口金の入れ口に本体を入れます。

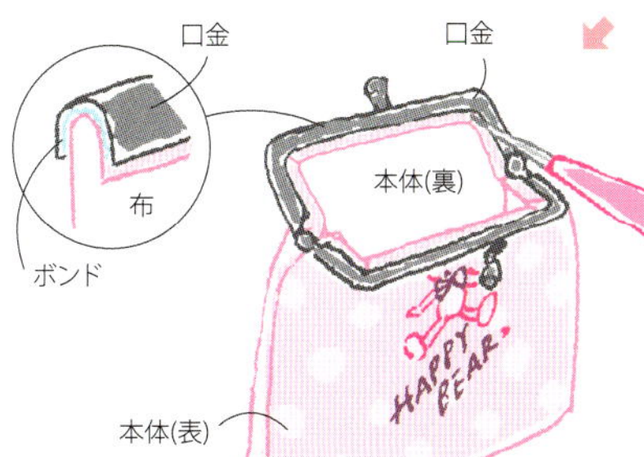

口金
口金
布
ボンド
本体(裏)
目打ち
本体(表)
HAPPY BEAR

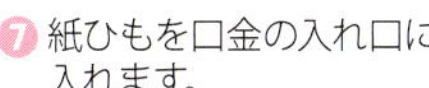

⑦ 紙ひもを口金の入れ口に入れます。

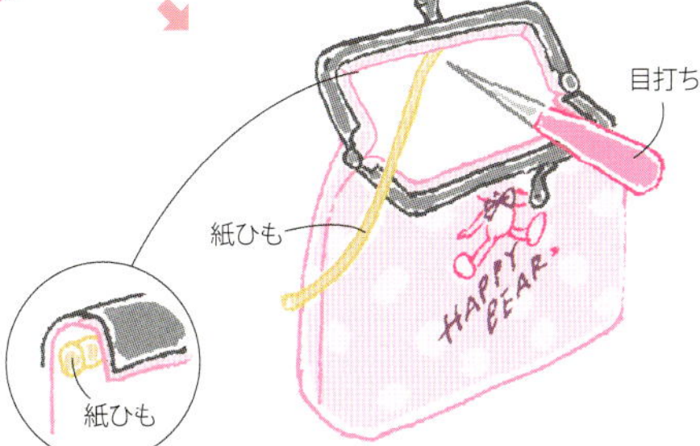

目打ち
紙ひも
紙ひも
HAPPY BEAR

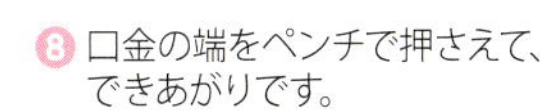

⑧ 口金の端をペンチで押さえて、できあがりです。

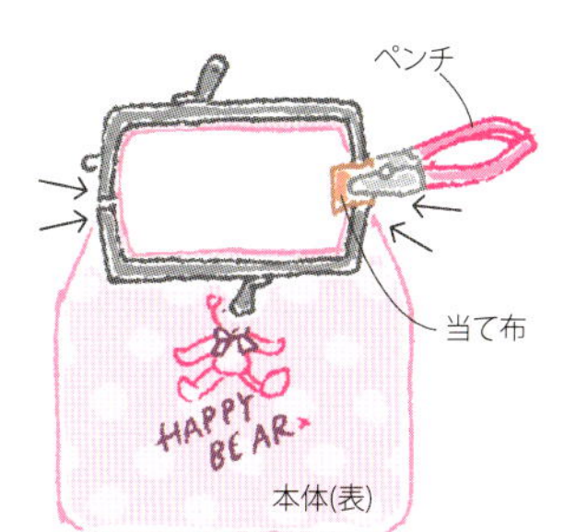

ペンチ
当て布
HAPPY BEAR
本体(表)

Accessory
Flower
Teatime
SWEET
LIFE
ABC
Makeup time
School
TENDER HEART

実物大図案 p84

女の子の１日は忙しい……
そんな１日を刺しゅうに……

シンプルな色使いも
ポイント！

女の子の好きな雑貨

School

刺しゅう１つで
優しい小物に……

プレゼントにもGOODな
小さな巾着……

How to make p84

お散歩シルエットは
ちょっと濃いめの色で……

ゆっくり、ていねいに
刺しましょう……

TENDER HEART

How to make p57

女の子の好きな雑貨の巾着を作りましょう!

TENDER HEART

材　料

布：[木綿地] (ピンク)34cm×28cm　サテンリボン：[0.6cm幅](白)120cm

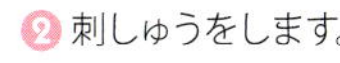

作り方　＊刺しゅうの実物大図案は84ページ

❶ 布の端の始末をします。

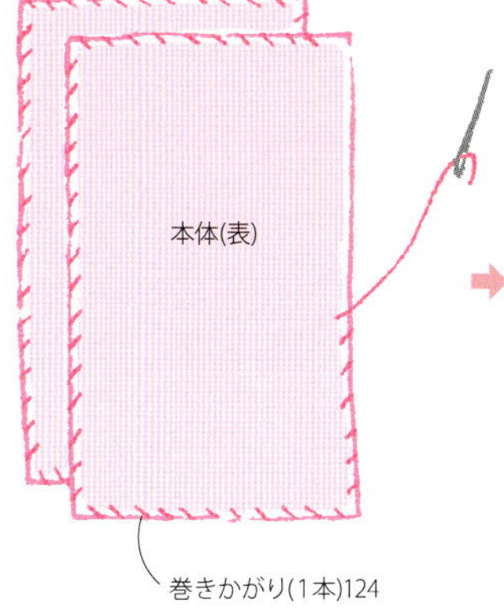
本体(表)
巻きかがり(1本)124

❷ 刺しゅうをします。

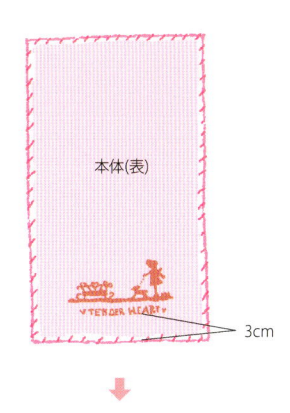

本体(表)
TENDER HEART
3cm

製　図

※( )内は縫い代です

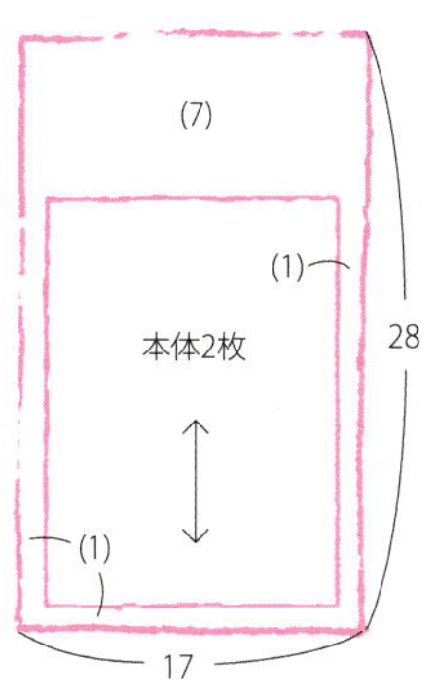
(7)
(1)
本体2枚
28
(1)
17

❸ 本体のまわりを縫います。

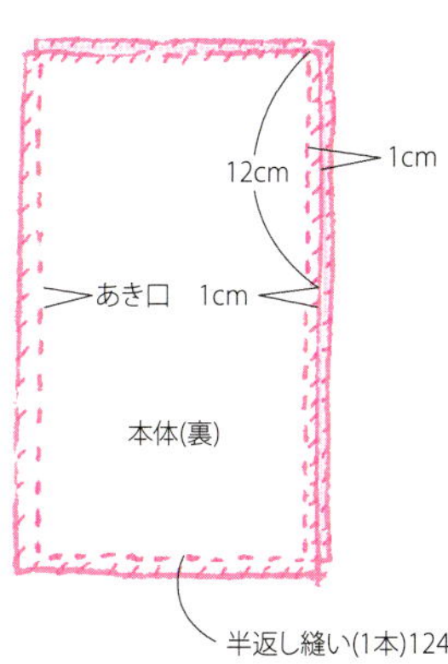
12cm
1cm
あき口　1cm
本体(裏)
半返し縫い(1本)124

❹ 入れ口を折ります。

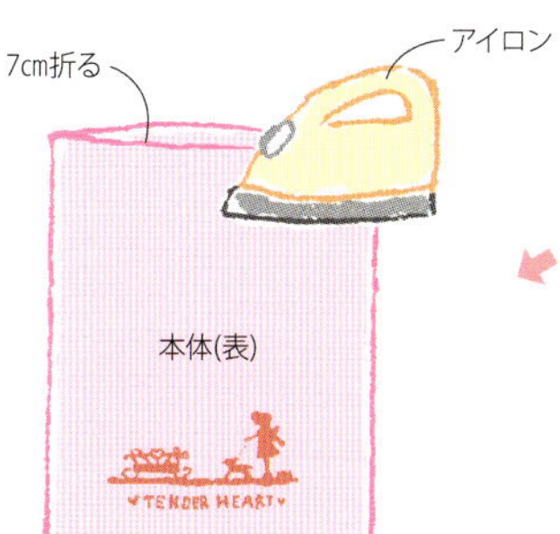
7cm折る
アイロン
本体(表)
TENDER HEART

❺ 入れ口にステッチをします。

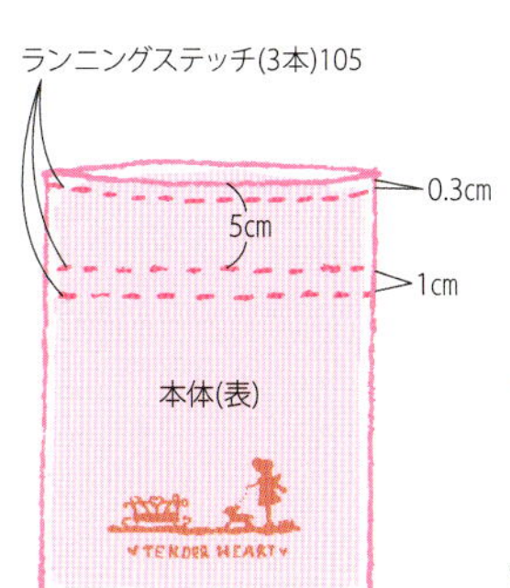
ランニングステッチ(3本)105
0.3cm
5cm
1cm
本体(表)
TENDER HEART

❻ 口にリボンを通して、できあがりです。

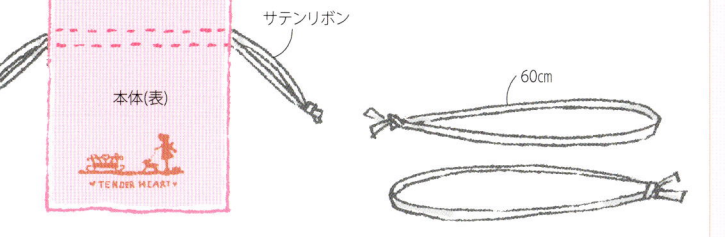

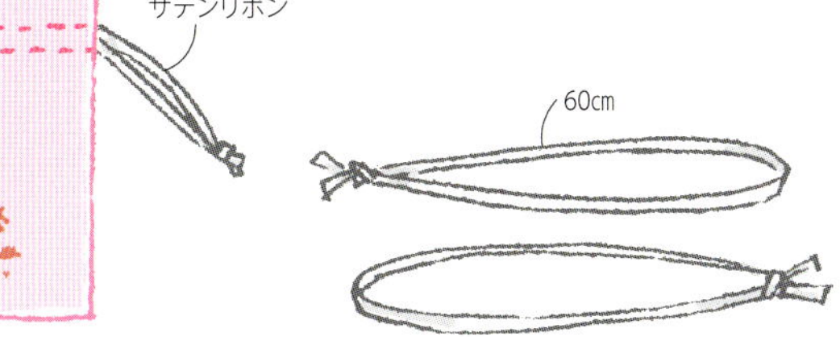
サテンリボン
本体(表)
TENDER HEART
60cm

※右から通して、右に戻して結び、反対は左から左に通して結びます。

BUTTON
Sewing
Knit
SEWING MACHINE

実物大図案 p85

手芸の楽しい時間を
イメージ……

気分は
パリのメルスリー……

憧れの手芸小物

糸や針……
夢が膨らむ
ソーイング小物……

ソーイングケースから
作ってもステキ！

Sewing

How to make p85

刺しゅう用の
はさみケースと針ケース……

小さなワンポイントで
わかりやすく……

How to make ♥ p61

憧れの手芸小物の はさみケースと針ケースを 作りましょう!

材料

<はさみケース>布:[木綿地](ギンガムチェックブルー)22cm×15cm
接着芯:[薄手]22cm×15cm　サテンリボン:[3mm幅](ブルー)30cm

<針ケース>布:[木綿地](ギンガムチェックピンク)29cm×19cm
接着芯:[薄手]29cm×19cm　キルト芯:4cm×6.5cm
サテンリボン:[3mm幅](ピンク)30cm

作り方

＊刺しゅうの実物大図案は85ページ

<はさみケース>

1 少し大きめに切った布に接着芯を貼り、刺しゅうをし、大きさに切ります。

2 布端の始末をします。

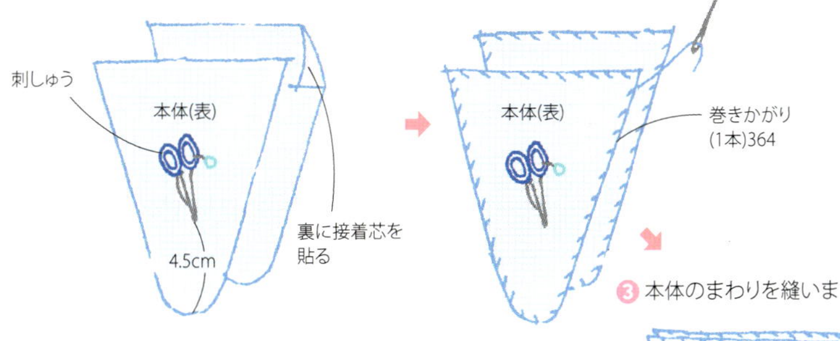

刺しゅう
本体(表)
4.5cm
裏に接着芯を貼る
本体(表)
巻きかがり(1本)364

3 本体のまわりを縫います。

製図

＊縫い代は含まれていません

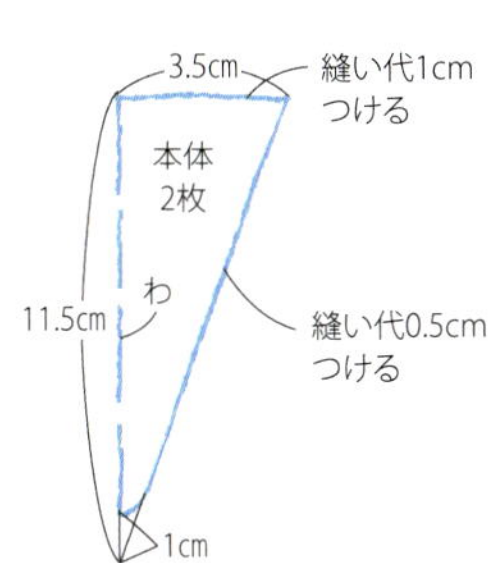

3.5cm
縫い代1cmつける
本体2枚
わ
11.5cm
縫い代0.5cmつける
1cm

4 入れ口をリボンをつけながら縫います。

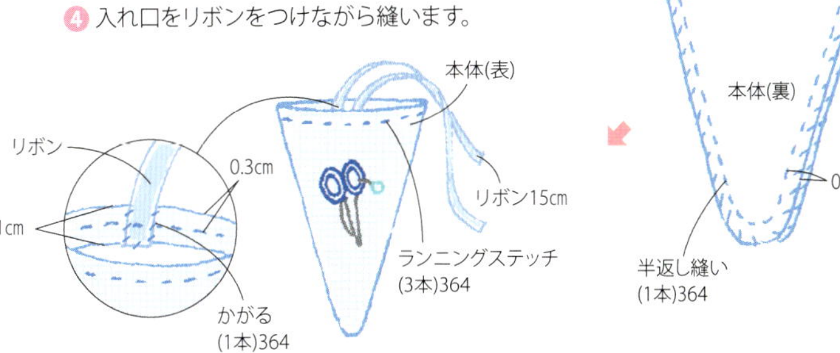

本体(表)
リボン
0.3cm
1cm
リボン15cm
ランニングステッチ(3本)364
かがる(1本)364
本体(裏)
0.5cm
半返し縫い(1本)364

<針ケース>

1 少し大きめに切った布に接着芯を貼り、刺しゅうをし、大きさに切ります。

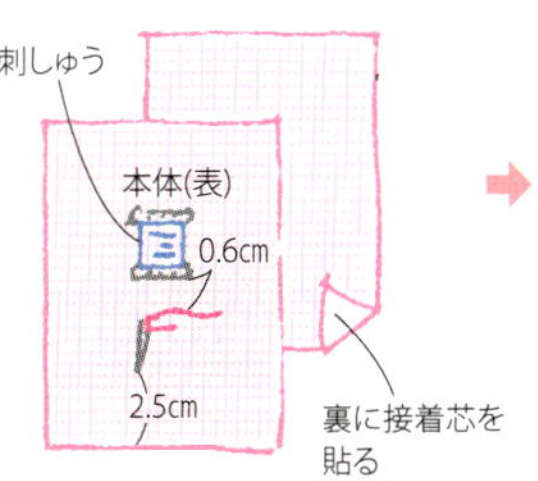

刺しゅう
本体(表)
0.6cm
2.5cm
裏に接着芯を貼る

2 リボンをはさみ、本体のまわりを縫います。

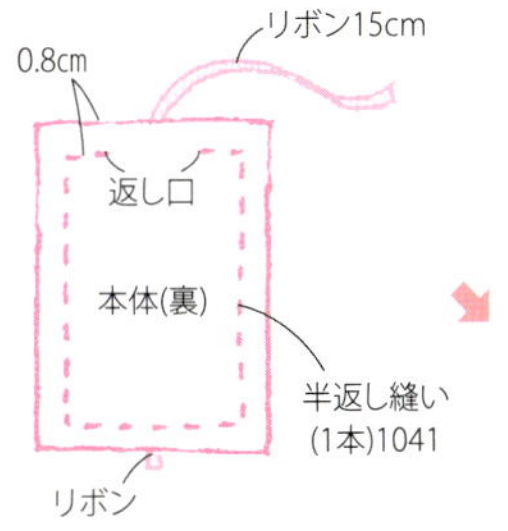

0.8cm
リボン15cm
返し口
本体(裏)
半返し縫い(1本)1041
リボン

3 表に返し、返し口をとじます。

コの字とじ(1本)1041
本体上(表)

製図

＊縫い代は含まれていません
0.8cmつけて裁ちます

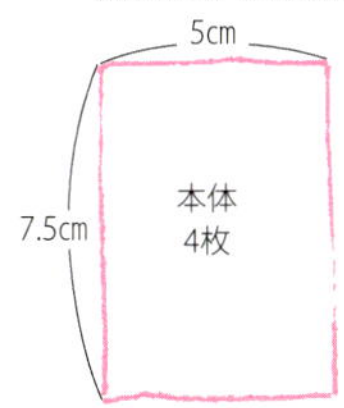

5cm
7.5cm
本体4枚

5 2枚を合わせて、できあがりです。

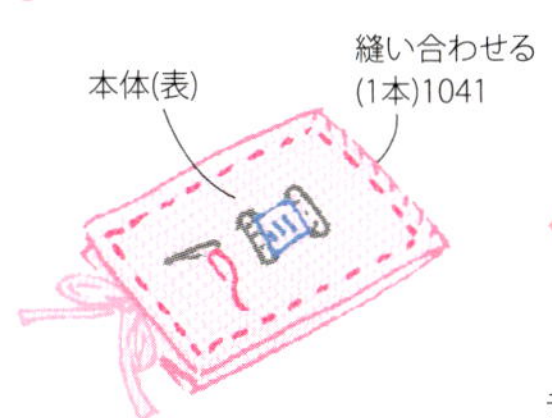

本体(表)
縫い合わせる(1本)1041

4 まわりをステッチします。

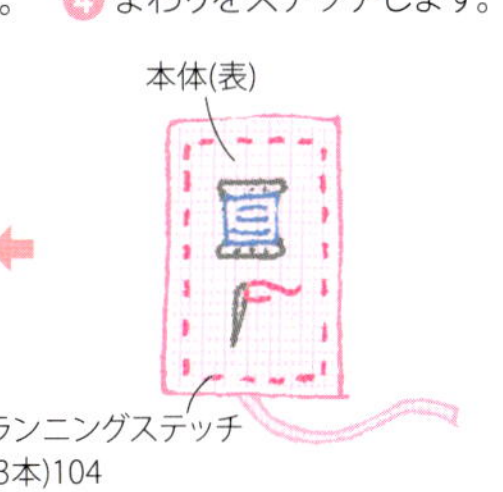

本体(表)
ランニングステッチ(3本)104

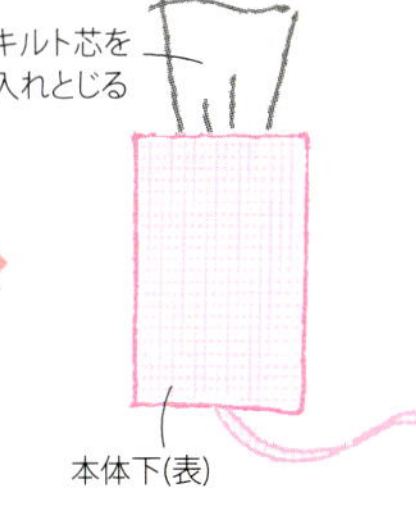

キルト芯を入れとじる
本体下(表)

大好きなアルファベット

イニシャルを
おしゃれにワンポイント！

ABCD
EFGHI
JKLM

実物大図案 p86

小さなお花を絡めたら……
ハンカチから……

NOPQ
RSTUV
WXYZ

実物大図案 p87

カメラケースに
ワンポイント……

アルファベットは
好きな色で……

A

How to make p65

大好きなアルファベットのカメラケースを作りましょう!

材 料

布：[リネン地](花柄)10㎝×40㎝、(ベージュ)15㎝×15㎝
接着芯：[薄手]25㎝×40㎝　綿レース：[1㎝幅] 125㎝

作り方

＊刺しゅうの実物大図案は86ページ

1 刺しゅうをします。

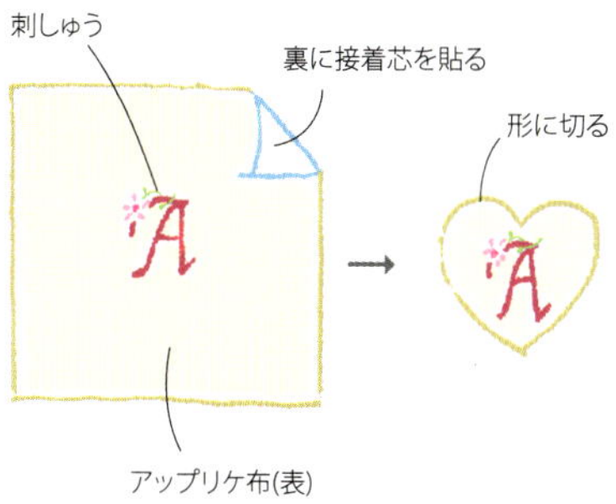

刺しゅう
裏に接着芯を貼る
形に切る
アップリケ布(表)

2 布を裁ち、端の始末をします。

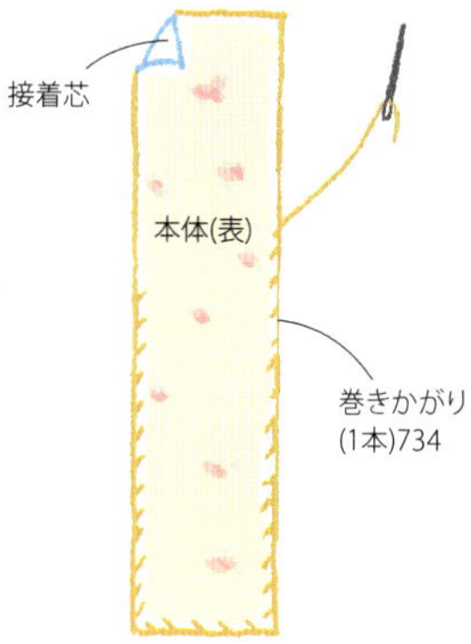

接着芯
本体(表)
巻きかがり(1本)734

3 本体にアップリケをします。

本体(表)
1.8㎝
ブランケットステッチ(2本)723

4 本体の脇を縫います。

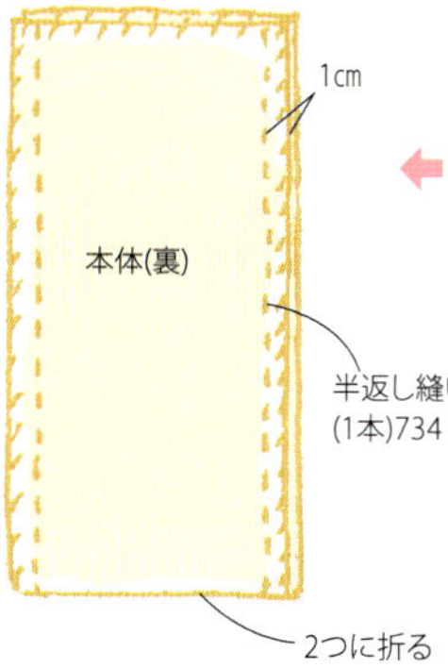

1㎝
本体(裏)
半返し縫い(1本)734
2つに折る

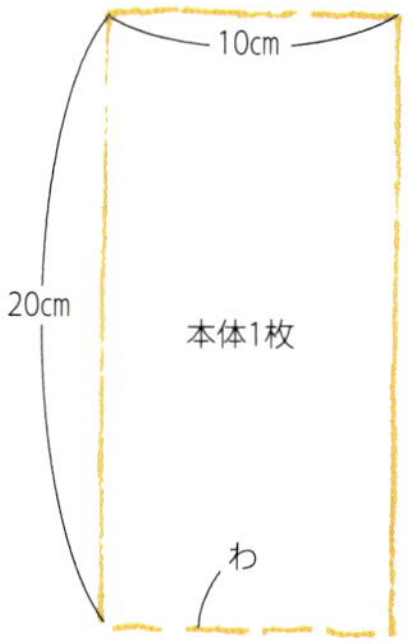

5 入れ口にレースをつけます。

レース
2.かがる
0.4㎝
1.入れ口を1㎝折る
0.4㎝
レース21㎝
3.ランニングステッチ(2本)734
本体(表)

6 レースのひもをつけて、できあがりです。

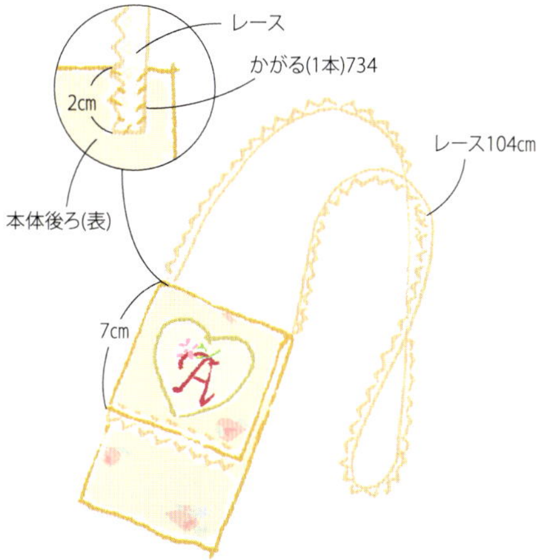

レース
かがる(1本)734
2㎝
本体後ろ(表)
レース104㎝
7㎝

製 図

＊縫い代1㎝込みです

10㎝
20㎝
本体1枚
わ

アップリケ図案

＊(　)内は刺しゅう糸の本数

サテン(1) 124
バック(3) 2071
フレンチナッツ(2) 127
サテン(2) 192

BABY
duck
BABY
HELLO!

実物大図案 p88

ベビーのための
優しいデザイン……

男の子にはブルー
女の子にはピンクで……

ハッピーなベビー

おなまえや産まれた日を
刺しゅうして……

健やかに育ちますように……
一針一針
願いを込めて……

Miran
BABY
2895g
50cm
2010.1.29

How to make p88

小さなスタイに
小さな刺しゅう……

産まれてくるベビーへの
プレゼントに……

How to make p69

ハッピーなベビーのスタイを作りましょう!

材 料

布：[タオル地](薄手、白)22cm×23cm、[ブロード地](クリーム)22cm×23cm
接着芯：[薄手]6cm×6cm　サテンリボン：[0.5cm幅](白)64cm

作り方　＊刺しゅうの実物大図案は88ページ

❶ 布を裁ちます。

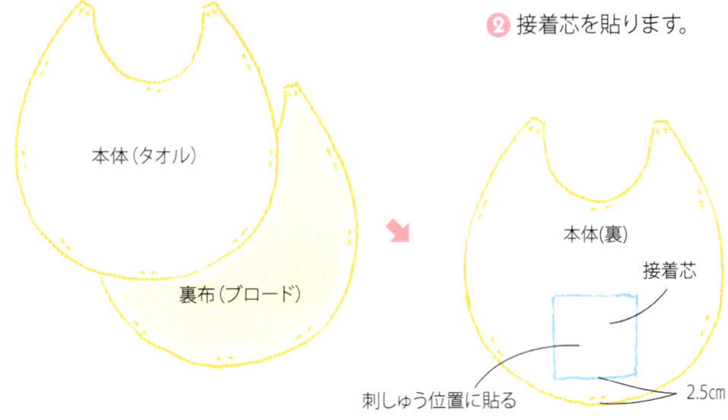

本体（タオル）
裏布（ブロード）
本体(裏)
接着芯
刺しゅう位置に貼る
2.5cm

❷ 接着芯を貼ります。

製 図

＊縫い代は含まれません
1cmつけて裁ちます

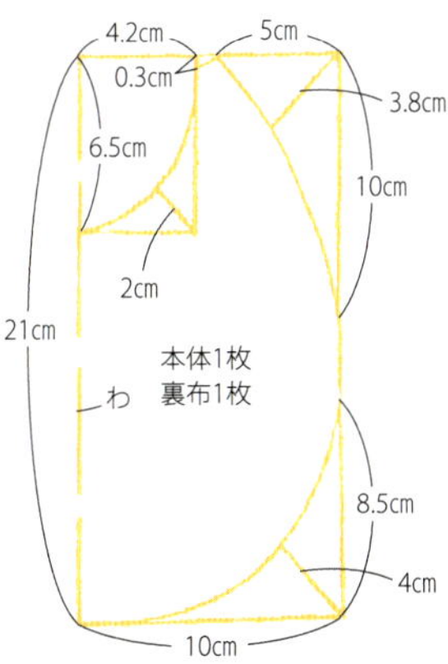

4.2cm
5cm
0.3cm
3.8cm
6.5cm
10cm
2cm
21cm
本体1枚
裏布1枚
わ
8.5cm
4cm
10cm

❸ 刺しゅうをします。

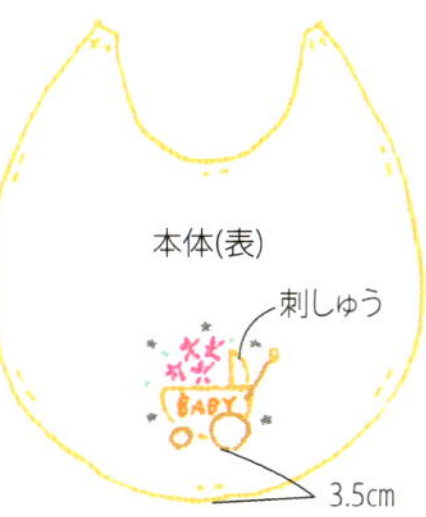

本体(表)
刺しゅう
3.5cm

❹ リボンをつけます。

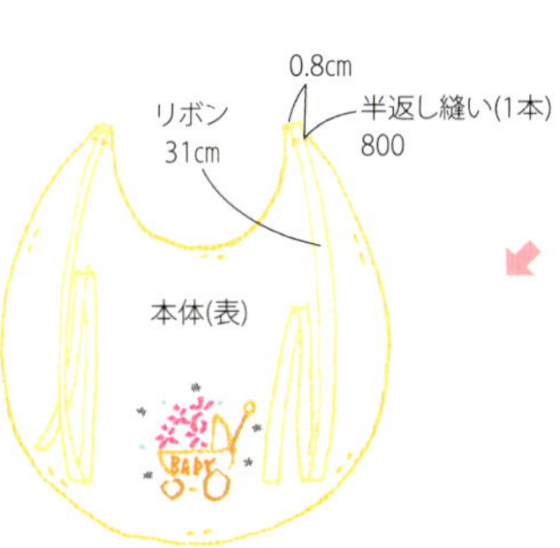

0.8cm
リボン
31cm
半返し縫い(1本)
800
本体(表)

❺ 本体と裏布を縫います。

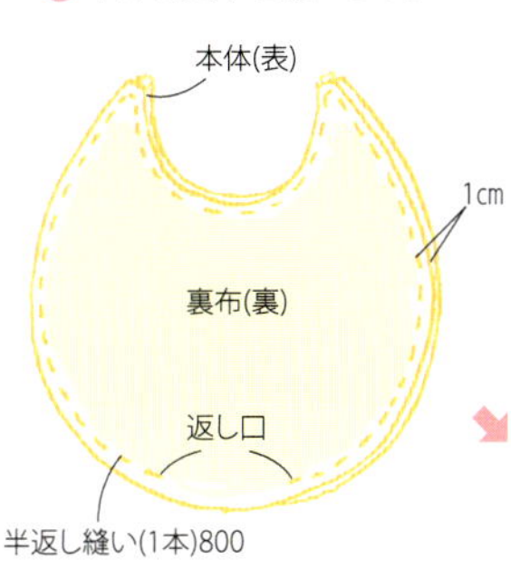

本体(表)
1cm
裏布(裏)
返し口
半返し縫い(1本)800

❻ 表に返し、返し口をとじます。

本体(表)
コの字とじ(1本)800

❼ まわりをステッチして、できあがり。

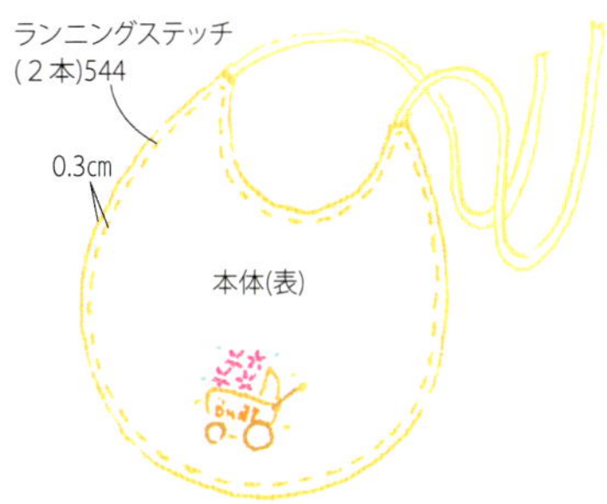

ランニングステッチ
(２本)544
0.3cm
本体(表)

HAPPY
WEDDING
SWEET
HOME

実物大図案 p89

ブライダルの
おしゃれなモチーフがポイント！

キラキラ光る糸で
仕上げるのもステキ……

夢見るブライダル

おしゃれなフレームには
ふたりの想い出が……

日付を入れてもいいし……
プレゼントにも……

HAPPY
WEDDING

How to make p89

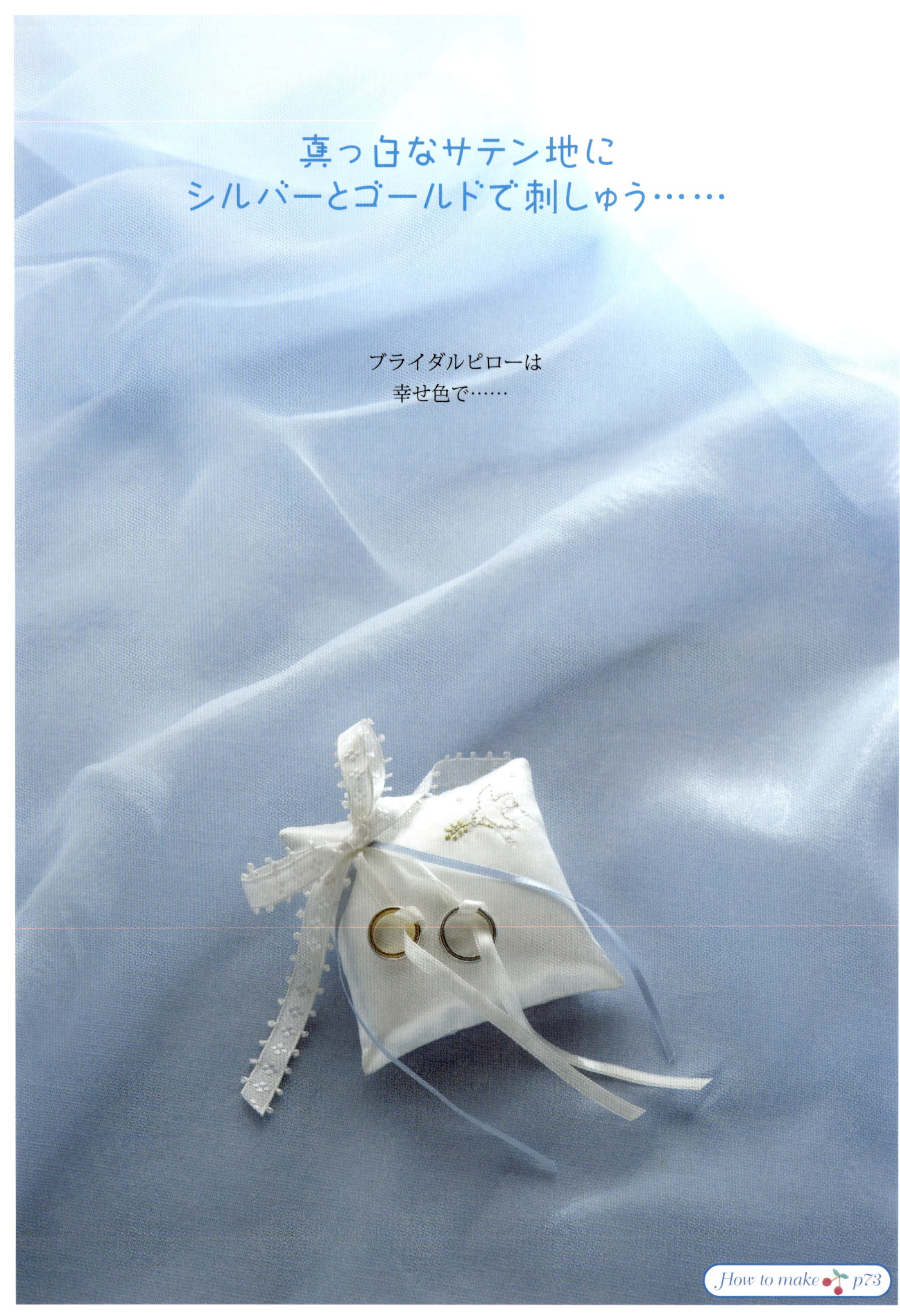

真っ白なサテン地に
シルバーとゴールドで刺しゅう……
ブライダルピローは
幸せ色で……

How to make p73

夢見るブライダルのリングピローを作りましょう!

材料

布:［サテン地］(白)30cm×15cm　接着芯:［薄手］30cm×15cm
綿:適量　チロリアンテープ:［1cm幅］(白)45cm
サテンリボン:［0.5cm幅］(白)35cm　［0.3cm幅］(ブルー)30cm

作り方

❶ 布に接着芯を貼ります。

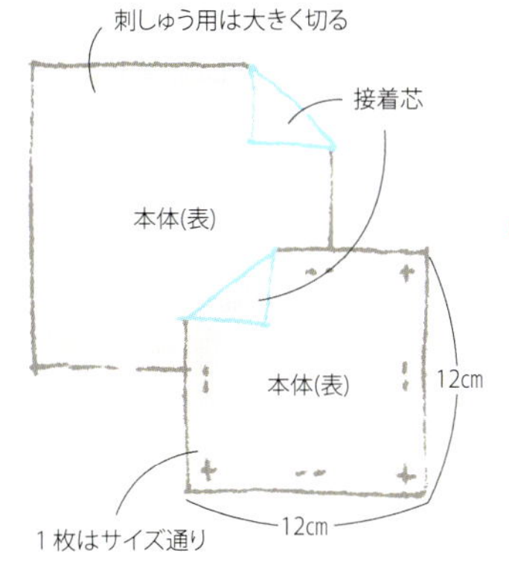

刺しゅう用は大きく切る
接着芯
本体(表)
本体(表)
12cm
12cm
1枚はサイズ通り

❷ 刺しゅうをし、布を裁ちます。

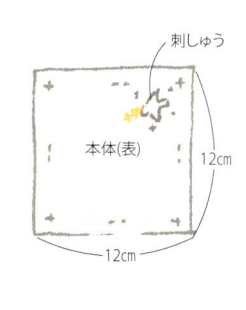

刺しゅう
本体(表)
12cm
12cm

❸ 本体を縫い合わせます。

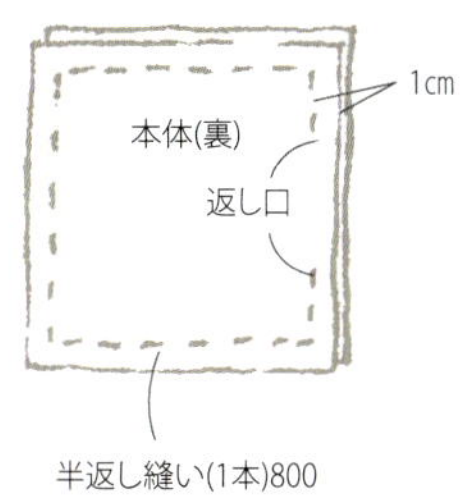

1cm
本体(裏)
返し口
半返し縫い(1本)800

❹ 表に返し、綿を入れます。

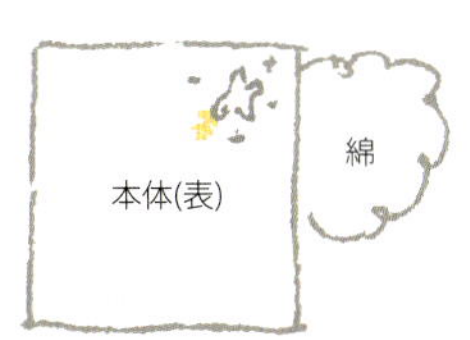

本体(表)
綿

❺ 返し口をとじます。

本体(表)
コの字とじ(1本)800

❻ リボンを縫いつけます。

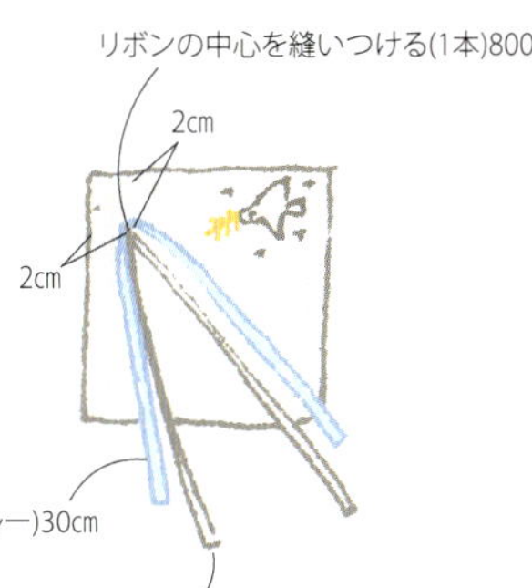

リボンの中心を縫いつける(1本)800
2cm
2cm
サテンリボン(ブルー)30cm
サテンリボン(白)35cm

❼ チロリアンテープをつけて、できあがりです。

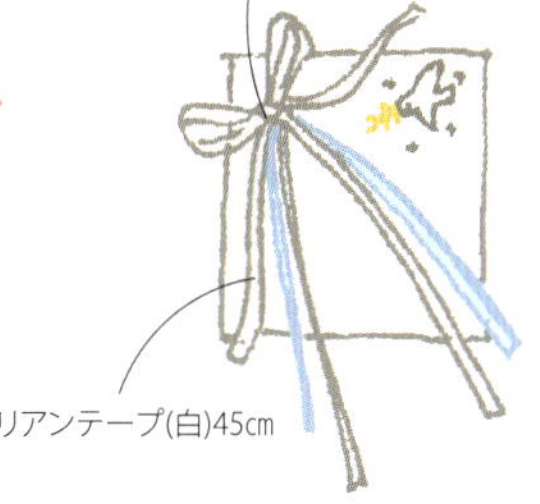

リボン結びして縫いつける(1本)800
チロリアンテープ(白)45cm

実物大図案

バックステッチ(2本)S105
バックステッチ(2本)S106
ストレートステッチ(1本)S105
フレンチナッツステッチ(1本)S105
サテンステッチ(1本)S106

HAPPY
BEAR

Tea time

Sewing

class 2

実物大の
図案と
作り方

さあ、作ってみましょう！

いかがでしたか
楽しくてかわいい刺しゅうの世界……
さあ、作ってみましょう！

本を見て、やってみたいと思ったら……
とにかく、はじめてみましょう！

きれいに作るコツは3つ

1. 図案をきちっと写すこと
2. 糸を引きすぎないこと
3. 曲がったらすぐにほどくこと

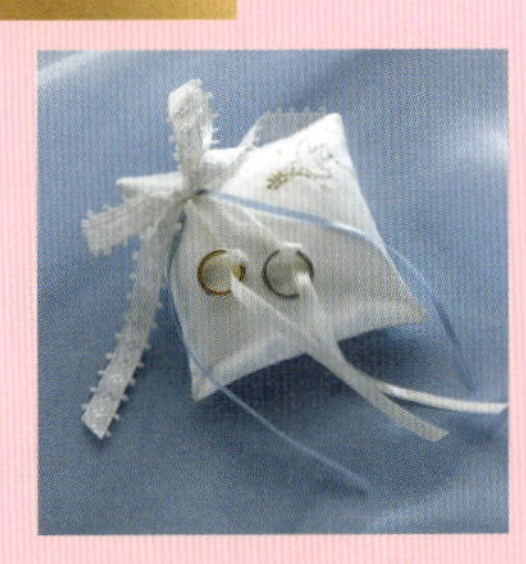

本を見ながら、
ゆっくりていねいに作りましょう。

さあ、がんばって……

ステッチ・
縫い方の
逆引きインデックス
サテンステッチ
p31
ストレートステッチ
p33
クロスステッチ
p40
バックステッチ
p30
チェーンステッチ
p32
半返し縫い
p34
ブランケットステッチ
p46
フレンチナッツステッチ
p31
レゼーデージーステッチ
p32
ランニングステッチ
p34
巻きかがり
p91
コの字とじ
p91

p17 キュートなワンポイントの実物大図案

＊指定以外はバックステッチ2本どり
＊( )内は刺しゅう糸の本数
＊☆はハンカチの刺しゅう糸カラー

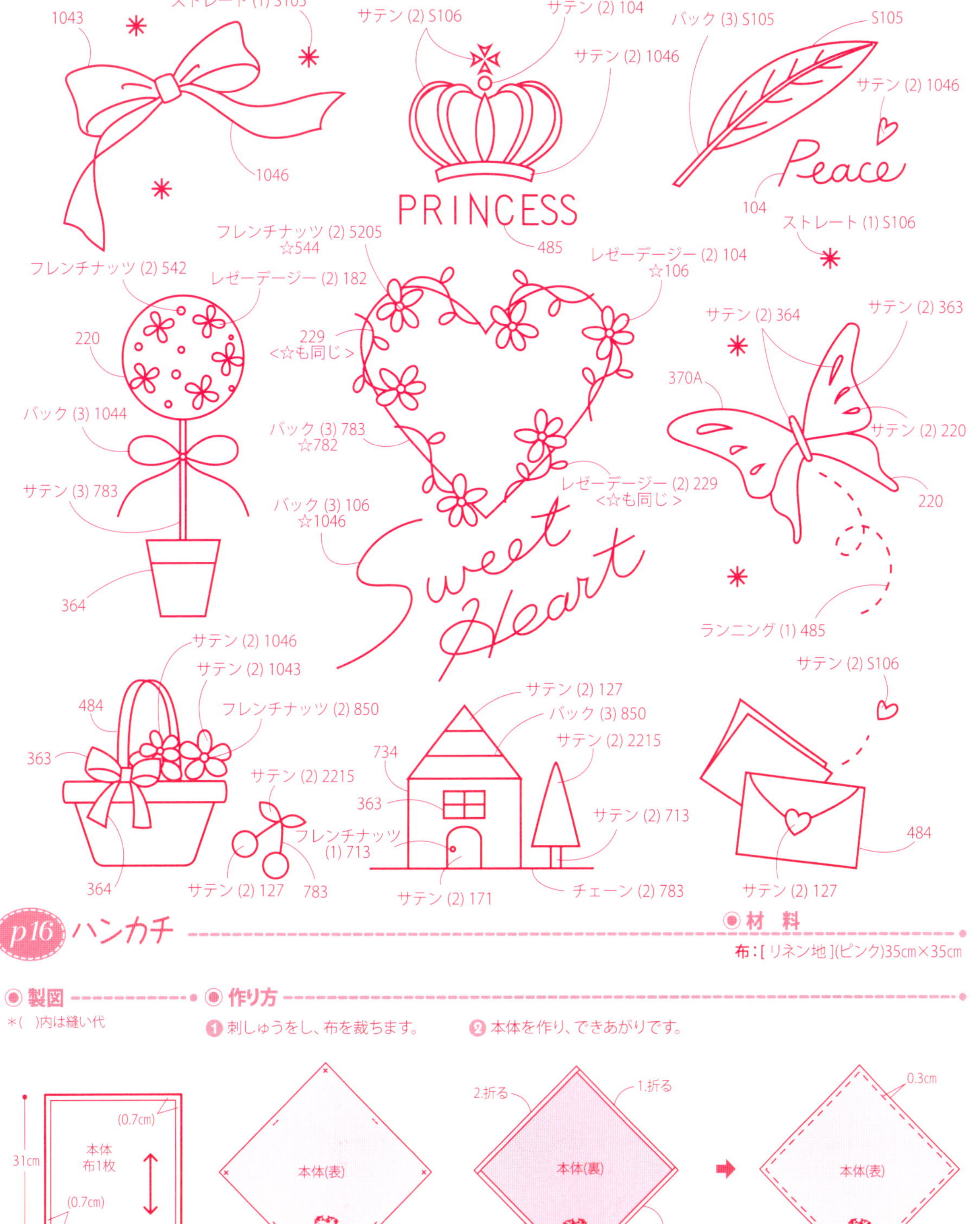

ストレート (1) S105
1043
1046
サテン (2) S106
サテン (2) 104
サテン (2) 1046
PRINCESS
485
バック (3) S105
S105
サテン (2) 1046
Peace
104
ストレート (1) S106
フレンチナッツ (2) 5205
☆544
フレンチナッツ (2) 542
レゼーデージー (2) 182
220
バック (3) 1044
サテン (3) 783
364
229
<☆も同じ>
レゼーデージー (2) 104
☆106
バック (3) 783
☆782
レゼーデージー (2) 229
<☆も同じ>
バック (3) 106
☆1046
Sweet Heart
サテン (2) 364
サテン (2) 363
370A
サテン (2) 220
220
ランニング (1) 485
サテン (2) 1046
サテン (2) 1043
484
363
フレンチナッツ (2) 850
364
サテン (2) 2215
フレンチナッツ (1) 713
サテン (2) 127
783
サテン (2) 127
バック (3) 850
734
363
サテン (2) 2215
サテン (2) 713
サテン (2) 171
チェーン (2) 783
サテン (2) S106
484
サテン (2) 127

p16 ハンカチ

◉ 材　料

布：[リネン地](ピンク)35㎝×35㎝

◉ 製図

＊( )内は縫い代

31㎝
31㎝
(0.7㎝)
(0.7㎝)
本体
布1枚

◉ 作り方

❶ 刺しゅうをし、布を裁ちます。

本体(表)
刺しゅう
4㎝

❷ 本体を作り、できあがりです。

2.折る
1.折る
本体(裏)
2.折る
1.折る
0.4㎝
0.3㎝
本体(表)
0.3㎝
ランニングステッチ(2本)101

p18 人気の小さなお花の実物大図案

＊指定以外はバックステッチ2本どり
＊( )内は刺しゅう糸の本数
＊☆はポーチの刺しゅう糸カラー

サテン (2) 370A
3052
サテン (2) 3052
674
フレンチナッツ (1) 674

サテン (2) 104
サテン (2) 542
サテン (2) 2215
2215
371A

フレンチナッツ (1) 542
フレンチナッツ (1) 674
バック (1) 540
サテン (2) 104
サテン (2) 3705A

レゼーデージー (2) 104
レゼーデージー (2) 220
1045
フレンチナッツ (1) 524
711
フレンチナッツ (1) 542
ストレート (2) 711

ストレート (2) S105
☆ストレート (2) S105
サテン (2) 522 <☆も同じ>
1046 ☆106
☆ストレート (2) S106
103 <☆も同じ>
サテン (2) 229 ☆2020
バック (3) 371A ☆522
バック (3) 229 ☆2071

フレンチナッツ (2) 542
レゼーデージー (2) 105
2071
バック (3) 712
レゼーデージー (2) 2071
ストレート (1) S106

バック (3) 674
バック (3) 105
229
バック (3) 672
371A
サテン (2) 524

バック (3) 1046
Petit Flower

レゼーデージー (2) 105
レゼーデージー (2) 2215
2215
フレンチナッツ (2) 542
SWEET
172

フレンチナッツ (2) 102
1046
フレンチナッツ (2) 540
231
546
229

p19 ポーチ

◎ 材　料

布：[リネン地](花柄)34㎝×31.5㎝、(白)20㎝×15㎝　**接着芯：**[薄手]37㎝×23㎝
スナップボタン：[直径0.7㎝]1組

◎ 作り方 ＊製図は84ページ

❶ 接着芯を貼り、刺しゅうをし、布を裁ちます。
❷ 本体とふたを縫います。
❸ 本体と内布を縫います。
❹ スナップボタンをつけ、できあがりです。

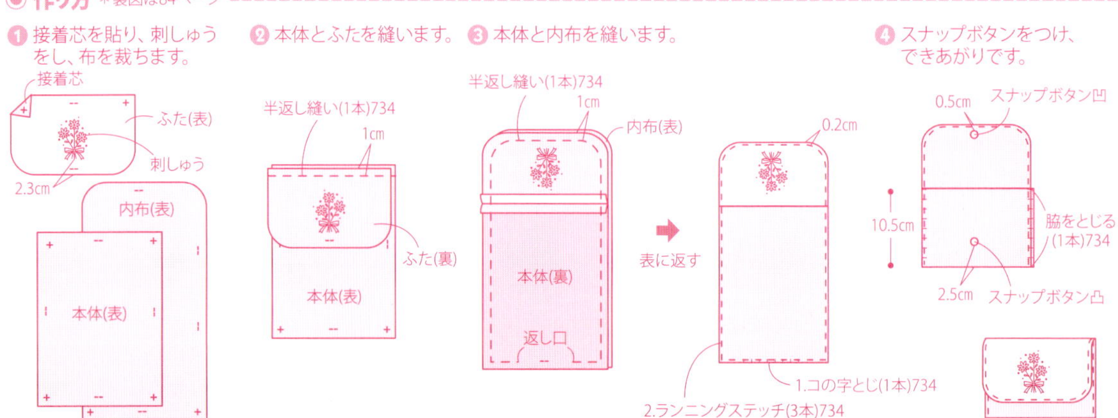
接着芯
ふた(表)
刺しゅう
2.3㎝
内布(表)
本体(表)
半返し縫い(1本)734
1㎝
ふた(裏)
本体(表)
半返し縫い(1本)734
1㎝
内布(表)
本体(裏)
返し口
表に返す
0.2㎝
1.コの字とじ(1本)734
2.ランニングステッチ(3本)734
0.5㎝
スナップボタン凹
10.5㎝
脇をとじる(1本)734
2.5㎝
スナップボタン凸

p21 おしゃれなパリの実物大図案

＊指定以外はバックステッチ2本どり
＊( )内は刺しゅう糸の本数
＊☆は手さげバッグの刺しゅう糸カラー

バック (3) 356
ランニング (1) 356
ストレート (2) 673
782
サテン (2) 1046
701
フレンチナッツ (1) 701

フレンチナッツ (1) 486
サテン (2) 1045
3050
ストレート (1) S105

サテン (2) 1046
ストレート (2) 221
レゼーデージー (2) 221

3052
362
1041
1046
ストレート (1) S105

バック (3) 486
☆357
フレンチナッツ (2) 357
☆190
バック (3) 357
☆190

ストレート (1) S106
サテン (1) 3052
サテン (1) 1045
ランニング (1) S106
673
レゼーデージー (2)1045

フレンチナッツ (1) 1046
レゼーデージー (1) 221
1044
バック (1) 1046
1041
ストレート (1) S105

サテン (2) S105
バック (1) S105
フレンチナッツ (1) 486
サテン (2) 524
411
541

411
サテン (2) 357
サテン (2) 701
FRANCE
1046

バック (3) 356
411
レゼーデージー (2) 3050

p20 手さげバッグ

◉ **材　料**

布：[リネン地](白)64㎝×38㎝　**接着芯**：[薄手]64㎝×38㎝

◉ **作り方** ＊製図は90ページ

1. 接着芯を貼り、端の始末をし、刺しゅうをします。
2. 持ち手を作ります。
3. 本体のまわりを縫います。
4. 入れ口を縫い、持ち手をつけ、できあがりです。

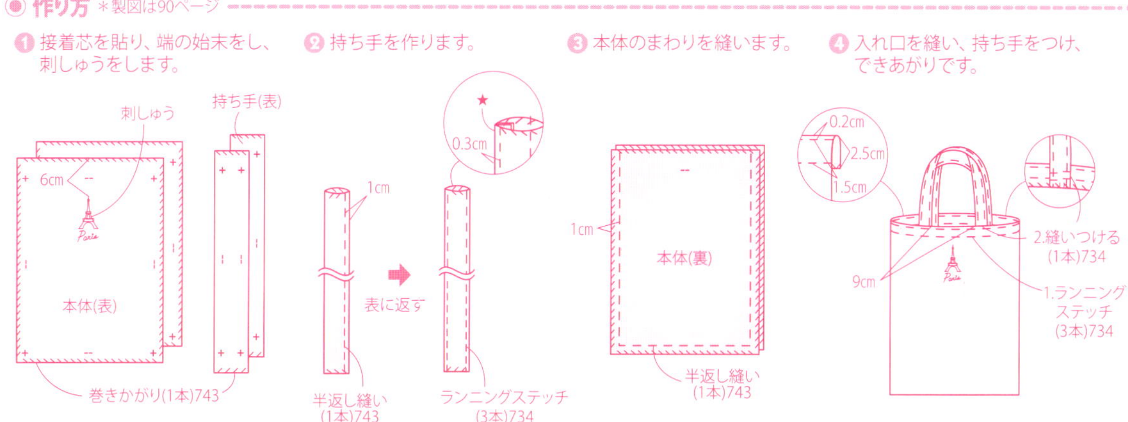

刺しゅう
6cm
本体(表)
巻きかがり(1本)743
持ち手(表)
1cm
半返し縫い
(1本)743
表に返す
0.3cm
ランニングステッチ
(3本)734
1cm
本体(裏)
半返し縫い
(1本)743
0.2cm
2.5cm
1.5cm
9cm
2.縫いつける
(1本)734
1.ランニング
ステッチ
(3本)734

p22 優雅なティータイムの実物大図案

＊指定以外はバックステッチ2本どり
＊( )内は刺しゅう糸の本数
＊☆はコースターの刺しゅう糸カラー

サテン (2) 105
486
フレンチナッツ (1) 103
486
ストレート (2) 1046
バック (1) 783
ストレート (2) 1046

バック (1) 128
☆364
☆127
486
☆712
3052
☆125
S105
<☆も同じ>

サテン (2) 105
フレンチナッツ (1) 103
フレンチナッツ (1) S106
486
サテン (2) 102
ストレート (2) 1046
サテン (2) 3050

S106
☆S105
ストレート (2) 1046
<☆も同じ>
486
☆364
ストレート
(2) 363
☆S105
128
☆106
☆356
486
2071
☆231
ストレート (2) 171

ストレート (1) 1046
486
レゼーデージー (2) 103
2071
S105
フレンチナッツ (1) 2071
バック (3) 1046

Tea time

サテン (2) 1046<☆も同じ>
486
☆1044
サテン (2) S106
☆1044
ストレート (2) S106
☆S105
サテン (2) 2071
☆229
2071
☆229
レゼーデージー (2) 103
☆105

サテン (2) 3052
3052
サテン (2) 363
café
486
363
356
783

486
☆411
☆524
サテン (2) 128
☆1046
ストレート (2) 486
☆524
☆783
フレンチナッツ (1) 783
☆784

フレンチナッツ (1) 712
712
486
ランニング (2) 363
ストレート (1) 712

p37 コースター

◉材　料

布：[リネン地](白)各30cm×15cm、(ピンク・ベージュ)各30cm×15cm　**接着芯**：[薄手]各30cm×15cm
スワロフスキー：[4mm](ブルー・濃ピンク・ピンク・黄)各4個　**丸小ビーズ**：(クリア)各4個

◉製図

＊( )内は縫い代

◉作り方

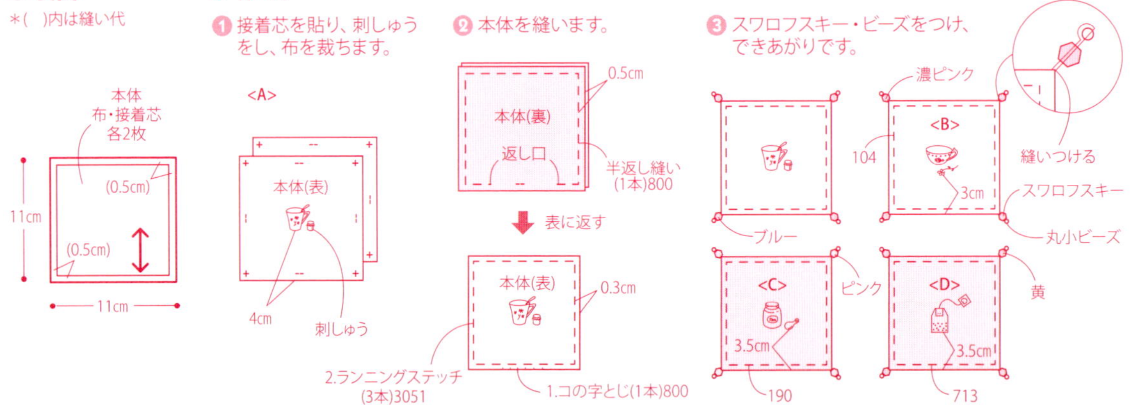

本体
布・接着芯
各2枚
(0.5cm)
(0.5cm)
11cm
11cm
❶ 接着芯を貼り、刺しゅうをし、布を裁ちます。
<A>
本体(表)
4cm
刺しゅう
❷ 本体を縫います。
0.5cm
本体(裏)
返し口
半返し縫い
(1本)800
表に返す
本体(表)
0.3cm
2.ランニングステッチ
(3本)3051
1.コの字とじ(1本)800
❸ スワロフスキー・ビーズをつけ、できあがりです。
濃ピンク
<B>
104
3cm
縫いつける
スワロフスキー
ブルー
丸小ビーズ
<C>
ピンク
<D>
黄
3.5cm
3.5cm
190
713

p39 華やかなクロスステッチの図案

＊全てクロスステッチ3本どり

128
1043
2072
1046
5205
782
1043
124
S106
222
3705A
172
1046
546
106
752
1044
1121
229
673
546
2072
1046
3051
229
1046
714
128
785
783
488
1043
128
673
850
782
229
SWEET
673
544
2215
222
1043
1046
2072
714
785
751
363
701
229
1046
1043
3705A
172
486
363
3051
488
485

p45 かわいいブランケットステッチの実物大図案

＊全てブランケットステッチ3本どり

128
S106
布・接着芯
各1枚
1122
102
3050
5205
734
782
220
782
734
S106
173
103

p49 巻き尺

◉材　料

布：[花柄](ブルー)7.4cm×16cm、(ベージュ・クリーム)各3cm×3cm、[水玉柄](ブルー)4cm×4cm
接着芯：[薄手]10cm×9cm　**厚紙**：1.4cm×15cm　**巻き尺**：1個

◉ **製図**

＊直径5cmの巻き尺を使用

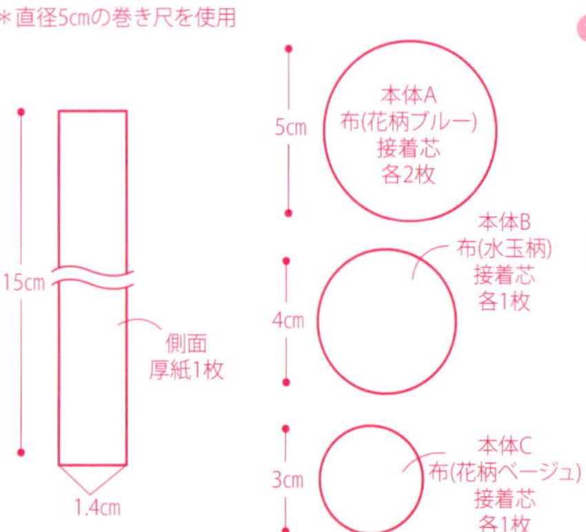
15cm
側面
厚紙1枚
1.4cm
5cm
本体A
布(花柄ブルー)
接着芯
各2枚
4cm
本体B
布(水玉柄)
接着芯
各1枚
3cm
本体C
布(花柄ベージュ)
接着芯
各1枚

◉ **作り方**

❶ 接着芯を貼り、布を裁ち、刺しゅうをします。

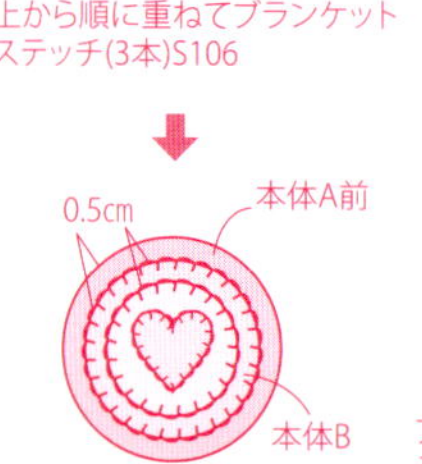
本体C
ハート
0.5cm
上から順に重ねてブランケットステッチ(3本)S106
0.5cm
本体A前
本体B

❷ 本体に側面をつけ、できあがりです。

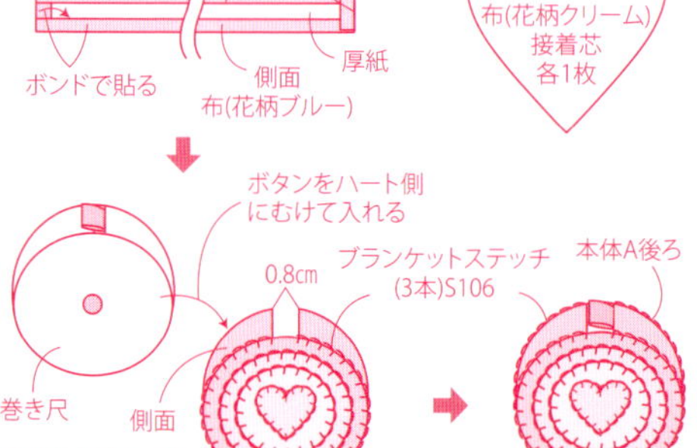
0.5cm
ボンドで貼る
側面
布(花柄ブルー)
厚紙
ボタンをハート側にむけて入れる
0.8cm
ブランケットステッチ
(3本)S106
本体A後ろ
巻き尺
側面
ブランケットステッチで側面を縫いつける

◉ **実物大図案**

ハート
布(花柄クリーム)
接着芯
各1枚

p50 小さな動物たちの実物大図案

＊指定以外はバックステッチ2本どり
＊( )内は刺しゅう糸の本数
＊☆はがま口の刺しゅう糸カラー

128
103
サテン (2) 738
サテン (2) 738
734
712
3705A
3051
dog
ストレート (1) S106
☆S105
105
<☆も同じ>
486
☆484
サテン (2) 738
<☆も同じ>
751
☆101

フレンチナッツ (2) S106
S106
522
364
106
サテン (1) 738
3705A
サテン (2) 171
171
サテン (2) 522
サテン (2) 738
☆137
ストレート (2) 738
☆137
バック (3) 712
☆128
バック (3) 106
☆137
HAPPY
BEAR
ストレート (2)106
☆128
バック (3) 364
☆137
サテン (2) 738
<☆も同じ>
522
☆800
サテン (2)
☆184
3705A
☆105
171

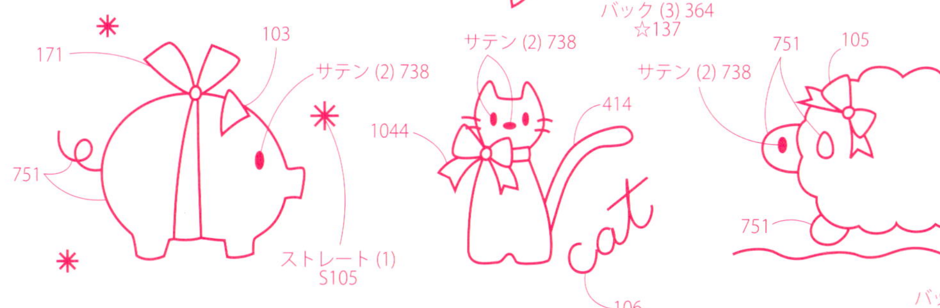

171
103
サテン (2) 738
751
ストレート (1)
S105
サテン (2) 738
1044
414
cat
106
サテン (2) 738
751
105
220
751
221
バック (1) 221

p51 がま口

◉ 材料

布：A[リネン地](ピンク)25cm×15cm、B[無地](クリーム)30cm×15cm **接着芯：**[薄手]A25cm×15cm、B30cm×15cm **がま口：**A[縦3.5cm 横5.5cm]、B[縦4.5cm 横8cm]各1個

◉ 製図 ＊( )内は縫い代

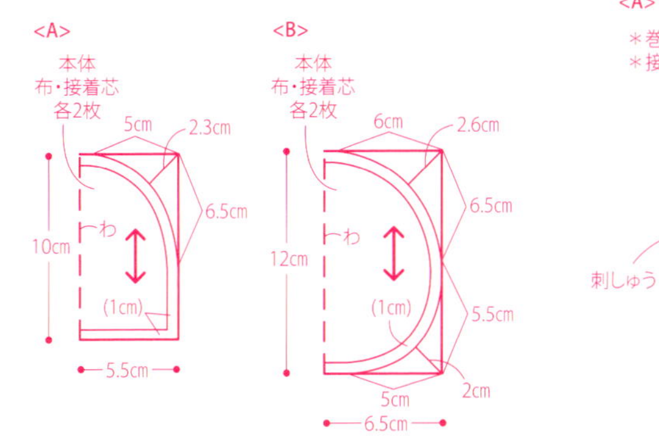

<A>
本体
布・接着芯
各2枚
5cm
2.3cm
6.5cm
10cm
わ
(1cm)
5.5cm
<B>
本体
布・接着芯
各2枚
6cm
2.6cm
6.5cm
12cm
わ
(1cm)
5.5cm
5cm
2cm
6.5cm

◉ 作り方 ＊53ページと同じ

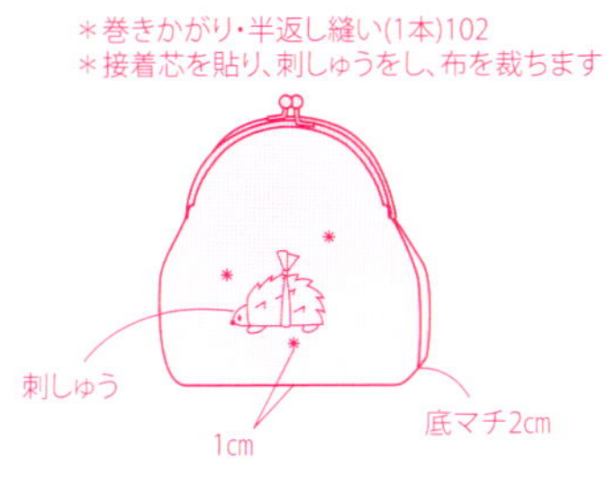

<A>
＊巻きかがり・半返し縫い(1本)102
＊接着芯を貼り、刺しゅうをし、布を裁ちます
刺しゅう
1cm
底マチ2cm

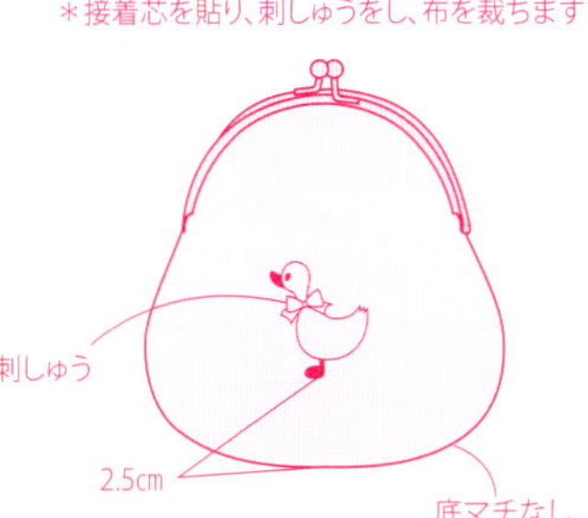

<B>
＊巻きかがり・半返し縫い(1本)520
＊接着芯を貼り、刺しゅうをし、布を裁ちます
刺しゅう
2.5cm
底マチなし

p54 女の子の好きな雑貨の実物大図案

＊指定以外はバックステッチ2本どり
＊( )内は刺しゅう糸の本数
＊☆は巾着の刺しゅう糸カラー

Flower

フレンチナッツ (2) S105 ☆525
レゼーデージー (2) 1046 ☆525
S106 ☆525
486 ☆525
ストレート (2) 486 ☆525
レゼーデージー (2) 3052 ☆525
3052 ☆525

Accessory

ストレート (1) S105
フレンチナッツ (2) S105
フレンチナッツ (1) S105
S105
3052
サテン (2) S105
サテン (2) 1046
486

ランニング (1) S106
サテン (2) 1046
サテン (2) 1046
486
486
サテン (2) S106
ストレート (2) S105

Tea time

フレンチナッツ (1) S105
ストレート (1) 1046
S105
ストレート (1) S105
486
サテン (2) 1046
3052
サテン (1) S105

SWEET LIFE

バック (3) 486
ストレート (2) S106
ストレート (2) S105
3052
サテン (2) 1046
486
サテン (2) S105

Makeup time

ストレート (1) 486
ストレート (1) 3052
486
サテン (2) 3052
3052
ランニング (1) S105
サテン (2) 1046
486
486

School

ランニング (1) S106 ☆357
486 ☆357
サテン (2) 1046 ☆357
サテン (2) S106 ☆357
サテン (1) 486 ☆357
3052 ☆357
サテン (2) 3052 ☆357

TENDER HEART

S105 ☆192
1046 ☆192
ストレート (2) 488
サテン (2) 488
488 ☆192
サテン (2) 488 ☆192
ランニング (1) 488 ☆192
サテン (2) 488 ☆192

p55 巾着

◉ **材 料**

布：[無地](ブルー・黄)各34cm×28cm
サテンリボン：[0.6cm幅](白)各120cm

◉ **作り方** ＊57ページと同じ

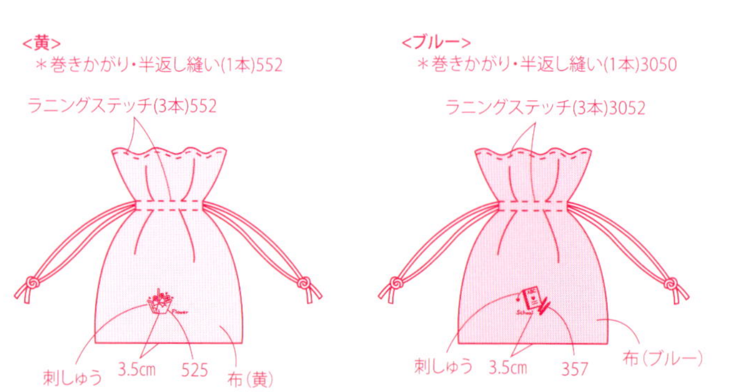
<黄>
＊巻きかがり・半返し縫い(1本)552
ラニングステッチ(3本)552
刺しゅう
3.5cm
525
布(黄)
<ブルー>
＊巻きかがり・半返し縫い(1本)3050
ラニングステッチ(3本)3050
刺しゅう
3.5cm
357
布(ブルー)

p19 ポーチ

◉ **製図** ＊( )内は縫い代

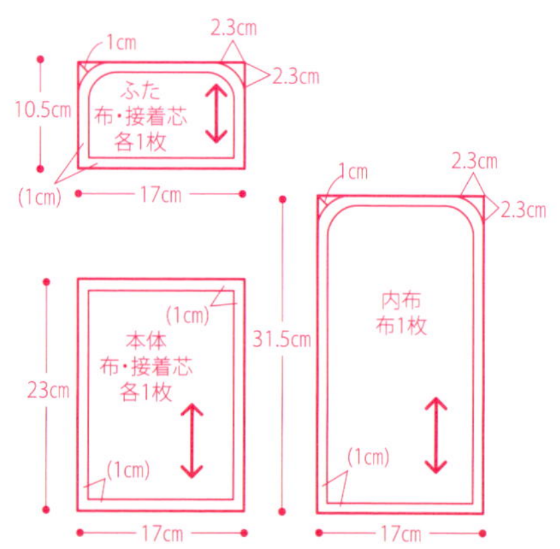
1cm
2.3cm
2.3cm
10.5cm
ふた
布・接着芯
各1枚
(1cm)
17cm
1cm
2.3cm
2.3cm
(1cm)
本体
布・接着芯
各1枚
23cm
31.5cm
内布
布1枚
(1cm)
(1cm)
17cm
17cm

p58 憧れの手芸小物の実物大図案

＊指定以外はバックステッチ2本どり
＊( )内は刺しゅう糸の本
＊☆はソーイングケースの刺しゅう糸カラー
＊♡ははさみケース・針ケースの刺しゅう糸カラー

712
3052
128
525
サテン (2) 415
バック (1) 124
172
♡1046
485
♡S105
712
BUTTON
522
バック (1) 485
フレンチナッツ
(1) 485
3052
♡366
ランニング (1) S105
<♡も同じ>
126
♡1046
サテン (2) 485
♡S105
485
♡S105
バック (1)
S105
♡220

ストレート (1) 221
673
3052
バック (1) 124
バック (1) 544
128
126
サテン (2) 128
☆171
バック (2) 485
<☆も同じ>
サテン (2) 221
<☆も同じ>
126
☆105
ランニング (2) 126
☆105
フレンチナッツ (2) 544
☆542
レゼーデージー (2) 124
<☆も同じ>
Sewing
3052
☆364
フレンチナッツ (2) 3052
☆364
サテン (2) 221
<☆も同じ>
485
☆783
サテン (2) 415
☆485
ストレート (1) S105
<☆も同じ>

ストレート (1) S105
<☆♡も同じ>
485
☆783
♡370A
3052
☆105
♡364
128
☆221
フレンチナッツ (1) 712
☆124
712
☆124
フレンチナッツ (1) 128
☆221
221
126
Knit
712
ストレート (1) 221
フレンチナッツ (2) 713
サテン (2) 128
フレンチナッツ
(1) 522
サテン (2) 712
ストレート (1) S105
522
485
バック (1) 172
サテン (2)
522
SEWING MACHINE

p59 ソーイングケース

◉材 料

布：[チェック地](黄)44cm×17.5cm **接着芯：**[薄手]23cm×17.5cm **キルト芯：**20cm×14.5cm
サテンリボン：[0.6cm幅](白)130cm **厚紙：**20cm×14.5cm **バスケット：**1個

◉製図 ＊( )内は縫い代

◉作り方

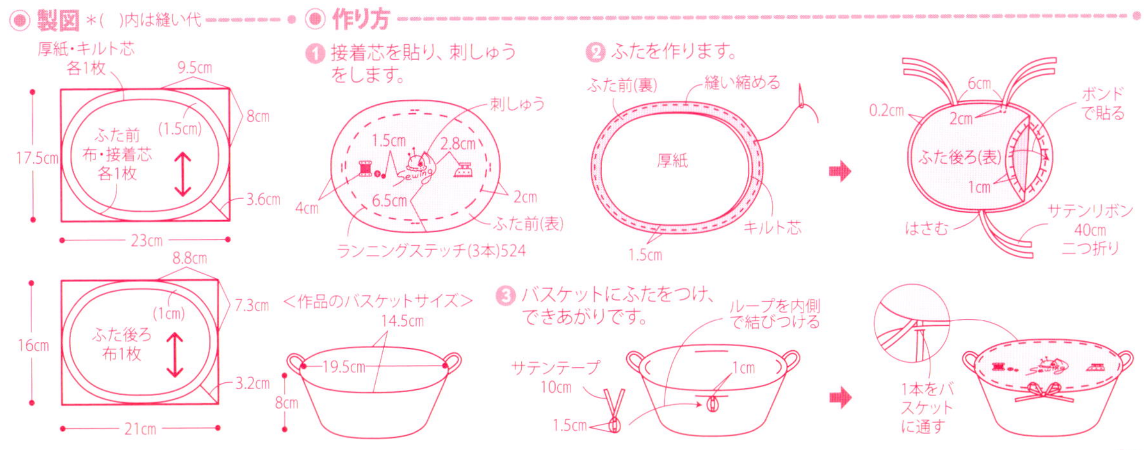

厚紙・キルト芯
各1枚
9.5cm
8cm
(1.5cm)
ふた前
布・接着芯
各1枚
17.5cm
3.6cm
23cm
8.8cm
7.3cm
(1cm)
ふた後ろ
布1枚
16cm
3.2cm
21cm
❶ 接着芯を貼り、刺しゅうをします。
刺しゅう
1.5cm
2.8cm
4cm
6.5cm
2cm
ふた前(表)
ランニングステッチ(3本)524
<作品のバスケットサイズ>
14.5cm
19.5cm
8cm
❷ ふたを作ります。
ふた前(裏)
縫い縮める
厚紙
キルト芯
1.5cm
6cm
0.2cm
2cm
ボンド
で貼る
ふた後ろ(表)
1cm
はさむ
サテンリボン
40cm
二つ折り
❸ バスケットにふたをつけ、できあがりです。
ループを内側
で結びつける
サテンテープ
10cm
1cm
1.5cm
1本をバスケットに通す

大好きなアルファベットの実物大図案

＊(　)内は刺しゅう糸の本数

ABCD

EFGHI

JKLM

フレンチナッツ (2) 546
サテン (1) 1045
レゼーデージー (3) 2215
バック (3) 2215
サテン (2) 358

タオル

◉ 材　料

<A>布：[花柄](白・ベージュ)各10cm×10cm　**接着芯**：[薄手]各10cm×10cm
フェイスタオル：(白・ベージュ)各1枚　<B>**ハンドタオル**：(白)6枚

◉ 作り方

<A>

❶ 接着芯を貼り、布を裁ちます。

ハート

＊実物大図案は91ページ

❷ フェイスタオルに縫いつけ、できあがりです。

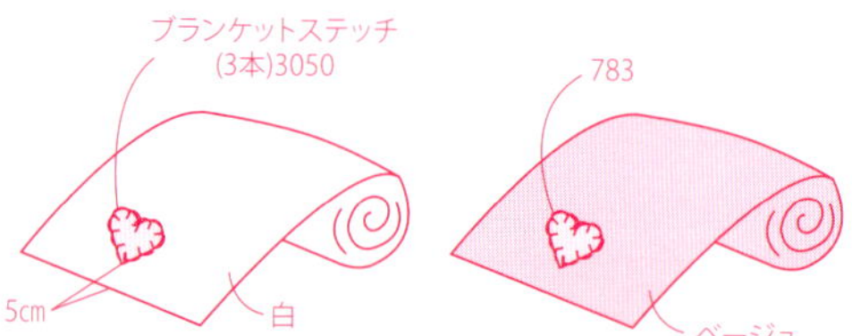
ブランケットステッチ
(3本)3050
5cm
白
783
ベージュ

<B>

❶ ハンドタオルに刺しゅうをし、できあがりです。

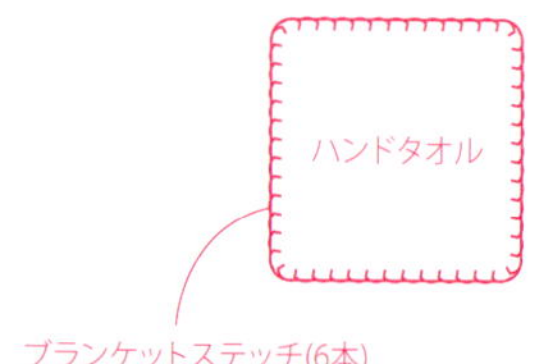
ハンドタオル
ブランケットステッチ(6本)
M3・M4・M5・M10・M11・M12

p63 大好きなアルファベットの実物大図案

＊( )内は刺しゅう糸の本数

フレンチナッツ (2) 546

サテン (1) 1045

サテン (2) 358

バック (3) 2215

レゼーデージー (3) 2215

p43 小さな額

◉ 材　料

布：[インディアンクロス52目×52目](白)15cm×15cm
色画用紙：(ピンク)15cm×15cm　額：1個

◉ 作り方＊刺しゅうの図案は81ページ

❶ 刺しゅうをし、布を裁ちます。

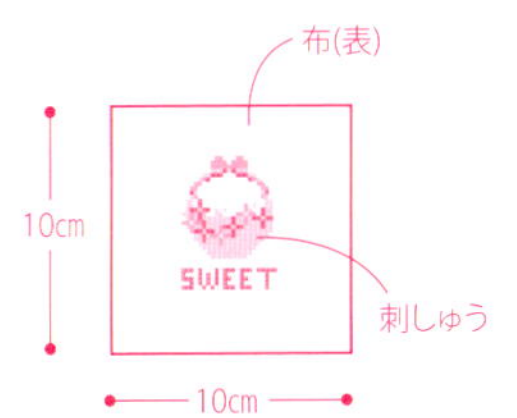
布(表)
10cm
SWEET
刺しゅう
10cm

❷ フレームを作り、できあがりです。

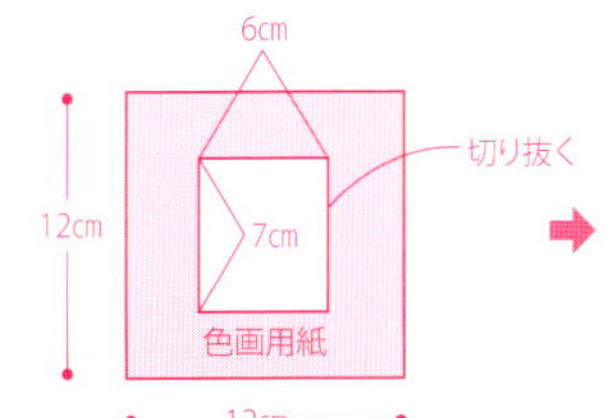
6cm
切り抜く
12cm
7cm
色画用紙
12cm

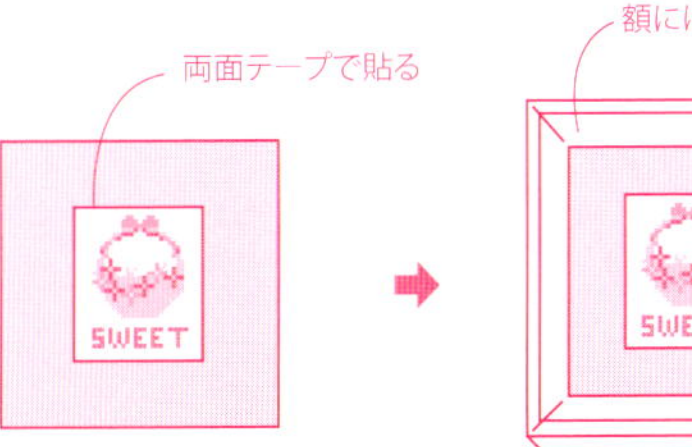
両面テープで貼る
SWEET
額にはさむ
SWEET

＊額のサイズに合わせて作りましょう

p66 ハッピーなベビーの実物大図案

＊指定以外はバックステッチ2本どり
＊( )内は刺しゅう糸の本数
＊☆はベビーフレームの刺しゅう糸カラー
＊♡はスタイの刺しゅう糸カラー

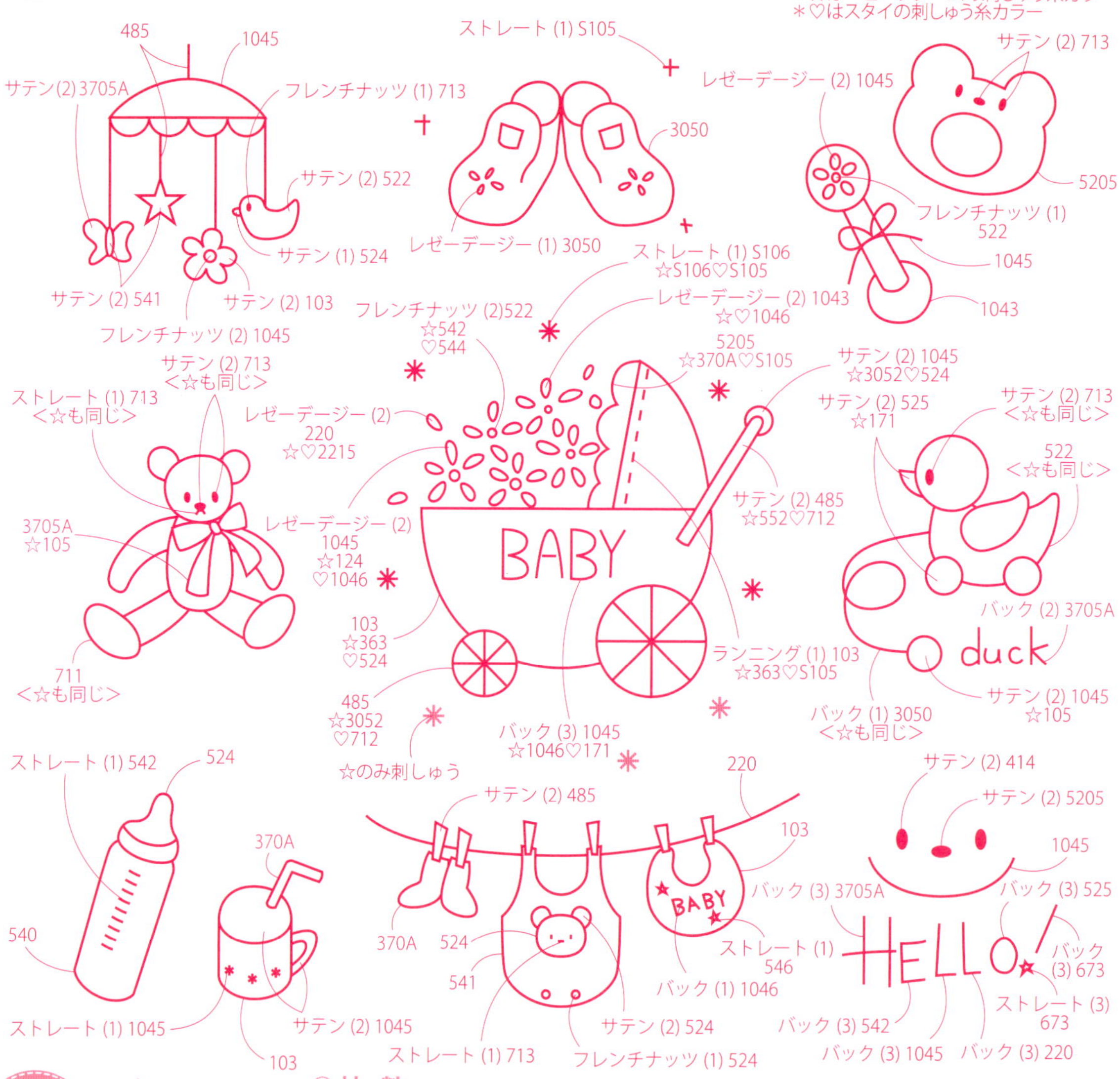

485
1045
サテン(2) 3705A
フレンチナッツ (1) 713
サテン (2) 522
サテン (1) 524
サテン (2) 541
サテン (2) 103
フレンチナッツ (2) 1045

ストレート (1) S105
3050
レゼーデージー (1) 3050

サテン (2) 713
レゼーデージー (2) 1045
5205
フレンチナッツ (1) 522
1045
1043

ストレート (1) S106 ☆S106♡S105
レゼーデージー (2) 1043 ☆♡1046
フレンチナッツ (2)522 ☆542 ♡544
5205 ☆370A♡S105
サテン (2) 1045 ☆3052♡524
レゼーデージー (2) 220 ☆♡2215
サテン (2) 485 ☆552♡712
レゼーデージー (2) 1045 ☆124 ♡1046
103 ☆363 ♡524
ランニング (1) 103 ☆363♡S105
485 ☆3052 ♡712
バック (3) 1045 ☆1046♡171
☆のみ刺しゅう

サテン (2) 713 <☆も同じ>
ストレート (1) 713 <☆も同じ>
3705A ☆105
711 <☆も同じ>

サテン (2) 525 ☆171
サテン (2) 713 <☆も同じ>
522 <☆も同じ>
バック (2) 3705A
サテン (2) 1045 ☆105
バック (1) 3050 <☆も同じ>

ストレート (1) 542
524
540
370A
ストレート (1) 1045
サテン (2) 1045
103

サテン (2) 485
220
103
370A
524
541
バック (3) 3705A
ストレート (1) 546
バック (1) 1046
ストレート (1) 713
サテン (2) 524
フレンチナッツ (1) 524

サテン (2) 414
サテン (2) 5205
1045
バック (3) 525
バック (3) 673
ストレート (3) 673
バック (3) 542
バック (3) 1045
バック (3) 220

p67 ベビーフレーム

◉材 料

布：[ストライプ地(ピンク)・無地(白)]各25cm×20cm、[リネン地](白)20cm×15cm **接着芯：**[薄手]45cm×20cm **キルト芯：**19cm×14cm **サテンリボン：**[0.3cm幅](ピンク)8cm **厚紙：**(白)37.5cm×14cm

◉ 作り方 ＊製図は90ページ

❶ 接着芯を貼り、刺しゅうをし、布を裁ちます。

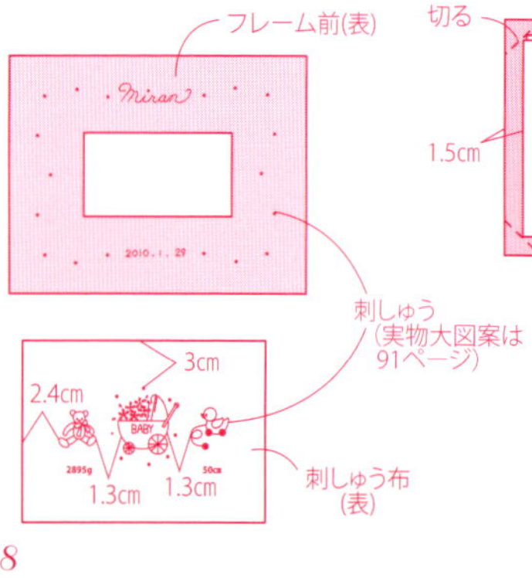

フレーム前(表)
刺しゅう (実物大図案は91ページ)
3cm
2.4cm
1.3cm
1.3cm
刺しゅう布(表)

❷ フレームとフレーム後ろを作ります。

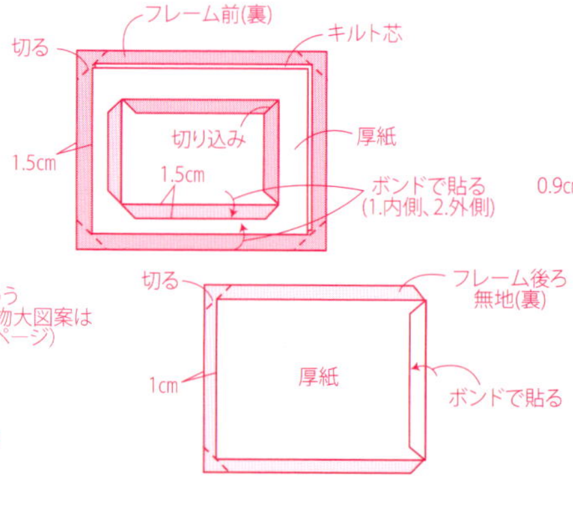

フレーム前(裏)
切る
キルト芯
切り込み
厚紙
1.5cm
1.5cm
ボンドで貼る (1.内側、2.外側)
切る
フレーム後ろ 無地(裏)
1cm
厚紙
ボンドで貼る

❸ フレームを組み合わせ、できあがりです。

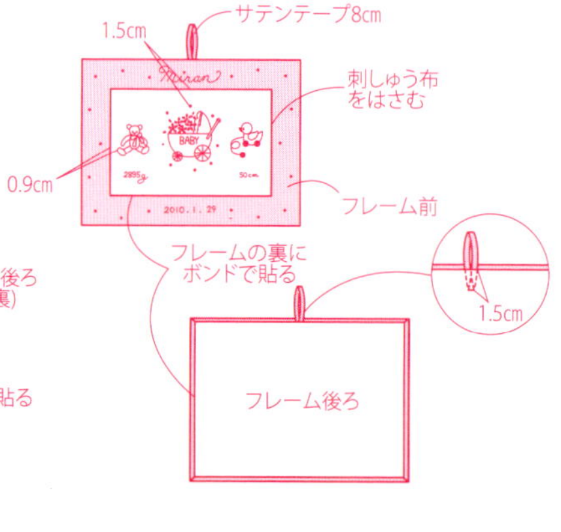

1.5cm
サテンテープ8cm
刺しゅう布をはさむ
0.9cm
フレーム前
フレームの裏にボンドで貼る
1.5cm
フレーム後ろ

p70 夢見るブライダルの実物大図案

＊指定以外はバックステッチ2本どり
＊( )内は刺しゅう糸の本数
＊☆はブライダルフレームの刺しゅう糸カラー
＊♡はブライダルピローの刺しゅう糸カラー

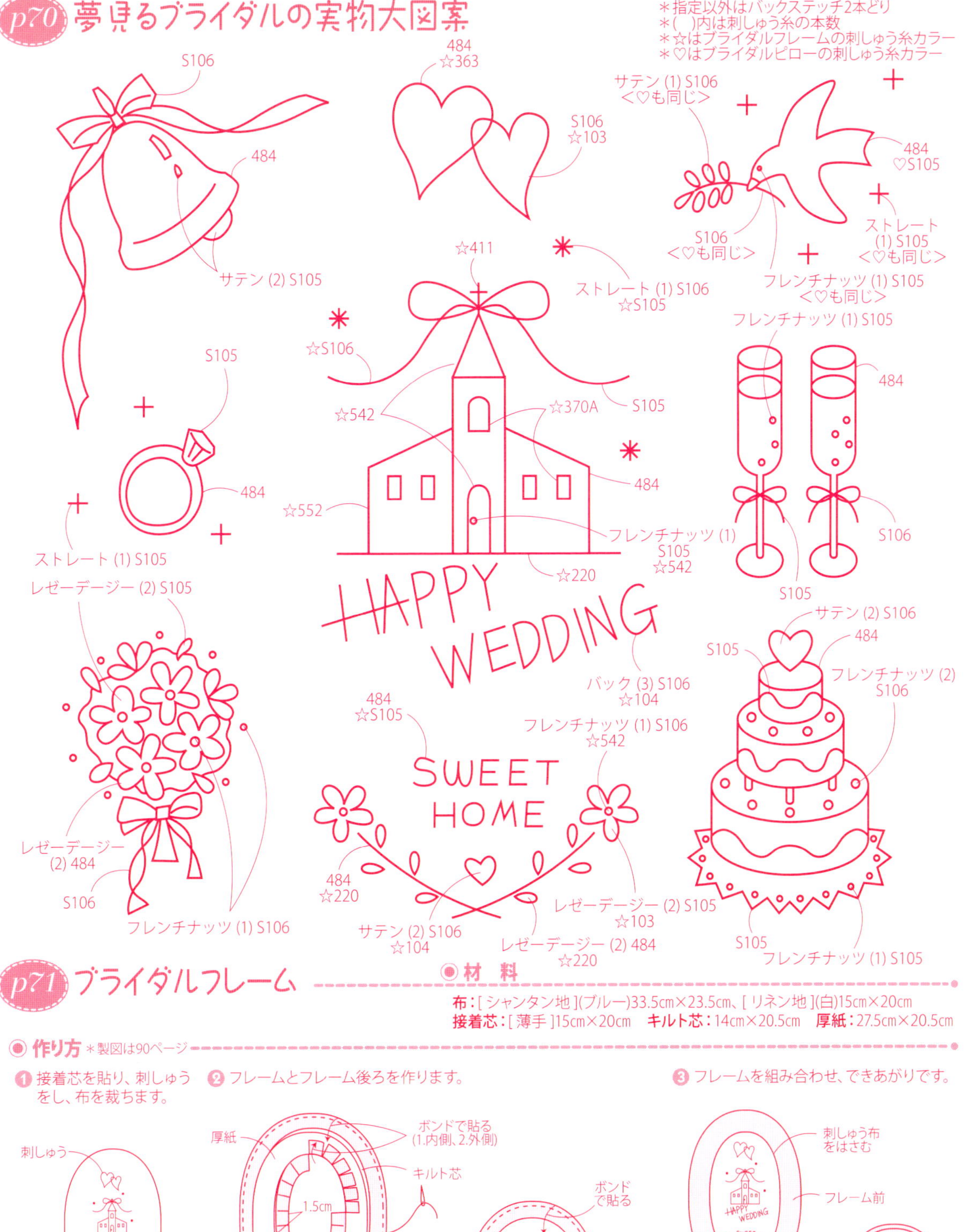

S106
484
サテン (2) S105
484
☆363
S106
☆103
サテン (1) S106
<♡も同じ>
484
♡S105
S106
<♡も同じ>
ストレート
(1) S105
<♡も同じ>
フレンチナッツ (1) S105
<♡も同じ>
☆411
ストレート (1) S106
☆S105
☆S106
S105
☆542
☆370A
484
☆552
フレンチナッツ (1)
S105
☆542
☆220
S105
484
ストレート (1) S105
フレンチナッツ (1) S105
484
S106
S105
HAPPY
WEDDING
バック (3) S106
☆104
レゼーデージー (2) S105
レゼーデージー
(2) 484
S106
フレンチナッツ (1) S106
484
☆S105
SWEET
HOME
フレンチナッツ (1) S106
☆542
484
☆220
サテン (2) S106
☆104
レゼーデージー (2) S105
☆103
レゼーデージー (2) 484
☆220
サテン (2) S106
484
S105
フレンチナッツ (2)
S106
S105
フレンチナッツ (1) S105

p71 ブライダルフレーム

◉ 材 料

布：[シャンタン地](ブルー)33.5cm×23.5cm、[リネン地](白)15cm×20cm
接着芯：[薄手]15cm×20cm　**キルト芯：**14cm×20.5cm　**厚紙：**27.5cm×20.5cm

◉ 作り方 ＊製図は90ページ

1. 接着芯を貼り、刺しゅうをし、布を裁ちます。
2. フレームとフレーム後ろを作ります。
3. フレームを組み合わせ、できあがりです。

刺しゅう
2.5cm
刺しゅう布
(表)
厚紙
ボンドで貼る
(1.内側、2.外側)
キルト芯
1.5cm
1.5cm
切り込み
フレーム前
シャンタン地
(裏)
ボンド
で貼る
縫い縮める
厚紙
1.5cm
フレーム後ろ
シャンタン地
(裏)
刺しゅう布
をはさむ
フレーム前
1cm
フレ　ムの裏に
ボンドで貼る
フレーム後ろ

p42 カードケース

◉材　料

布：[インディアンクロス52目×52目](白)15cm×27cm

◉製図

＊( )内は縫い代

◉作り方

❶刺しゅうをし、布を裁ちます。

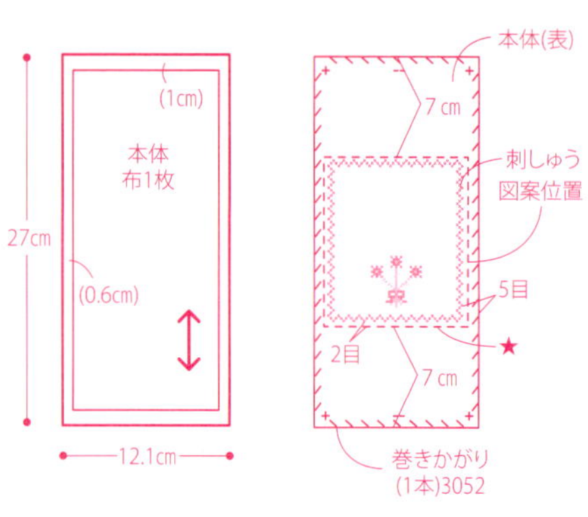

(1cm)
本体
布1枚
27cm
(0.6cm)
12.1cm
本体(表)
7cm
刺しゅう
図案位置
5目
2目
★
7cm
巻きかがり
(1本)3052

❷本体の上下を折り、脇を縫い、できあがりです。

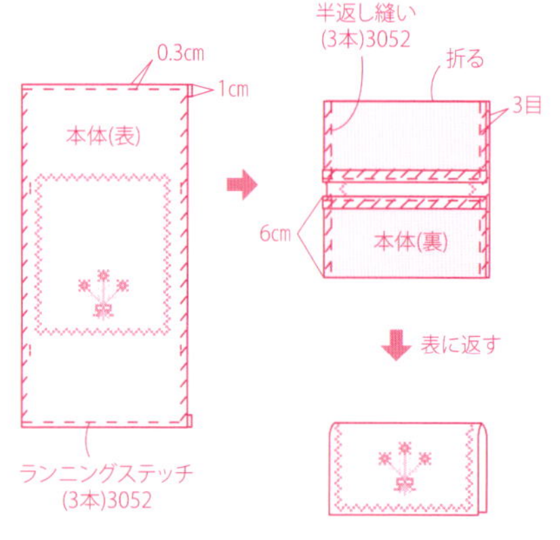

0.3cm
1cm
本体(表)
ランニングステッチ
(3本)3052
半返し縫い
(3本)3052
折る
3目
6cm
本体(裏)
表に返す

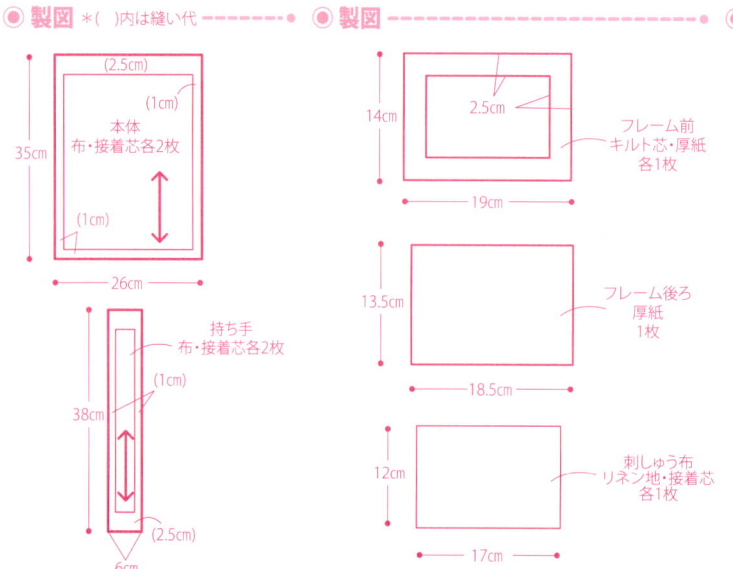

◉実物大図案 ＊全てクロスステッチ3本どり

△ 3052
★ 544
○ 231
✱ 229
× 105
◆ 1046

★折り上げ位置

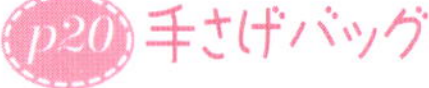

p20 手さげバッグ

◉製図 ＊( )内は縫い代

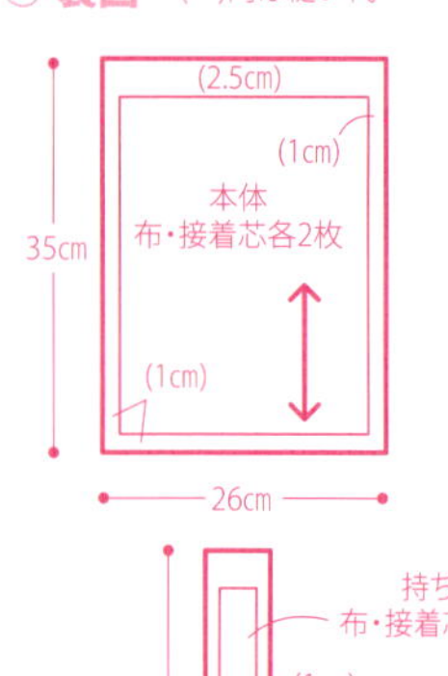

(2.5cm)
(1cm)
本体
布・接着芯各2枚
35cm
(1cm)
26cm
持ち手
布・接着芯各2枚
(1cm)
38cm
(2.5cm)
6cm

p67 ベビーフレーム

◉製図

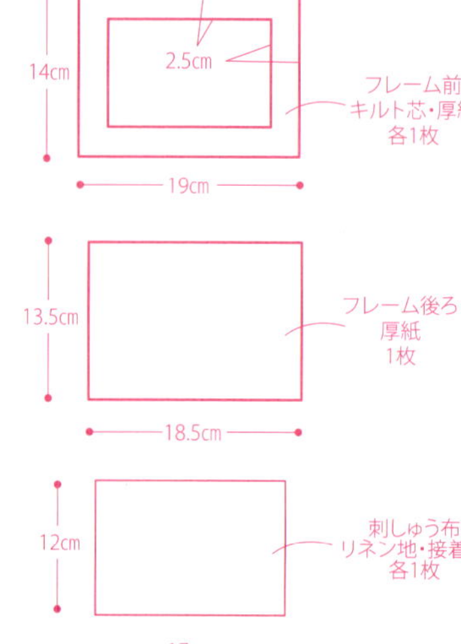

14cm
2.5cm
フレーム前
キルト芯・厚紙
各1枚
19cm
13.5cm
フレーム後ろ
厚紙
1枚
18.5cm
12cm
刺しゅう布
リネン地・接着芯
各1枚
17cm

p71 ブライダルフレーム

◉製図

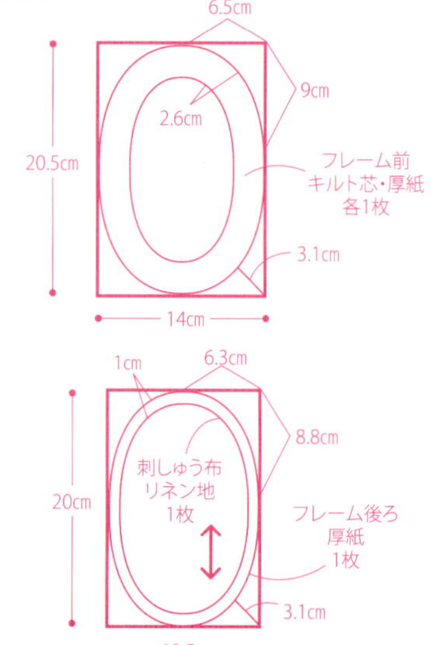

6.5cm
9cm
2.6cm
20.5cm
フレーム前
キルト芯・厚紙
各1枚
3.1cm
14cm
1cm
6.3cm
8.8cm
刺しゅう布
リネン地
1枚
20cm
フレーム後ろ
厚紙
1枚
3.1cm
13.5cm

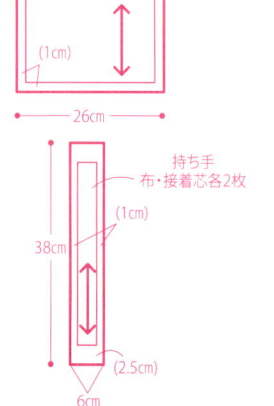

p42 クリスマスカード

◉材　料

布：[インディアンクロス52目×52目](白)15cm×15cm　**色画用紙：**(青)22cm×11cm
ラインストーン：(ブルー)4個、(クリア)2個

◉作り方

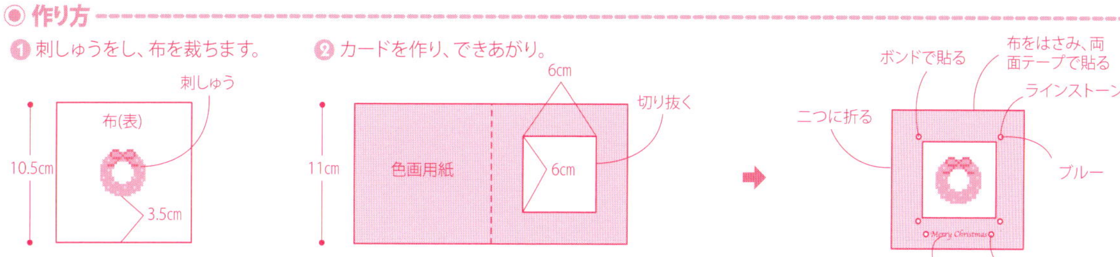

1 刺しゅうをし、布を裁ちます。
刺しゅう
布(表)
10.5cm
3.5cm
10.5cm
2 カードを作り、できあがり。
6cm
切り抜く
11cm
色画用紙
6cm
22cm
ボンドで貼る
布をはさみ、両面テープで貼る
ラインストーン
二つに折る
ブルー
Merry Christmas
文字を描く
クリア

巻きかがりの仕方・コの字とじの仕方

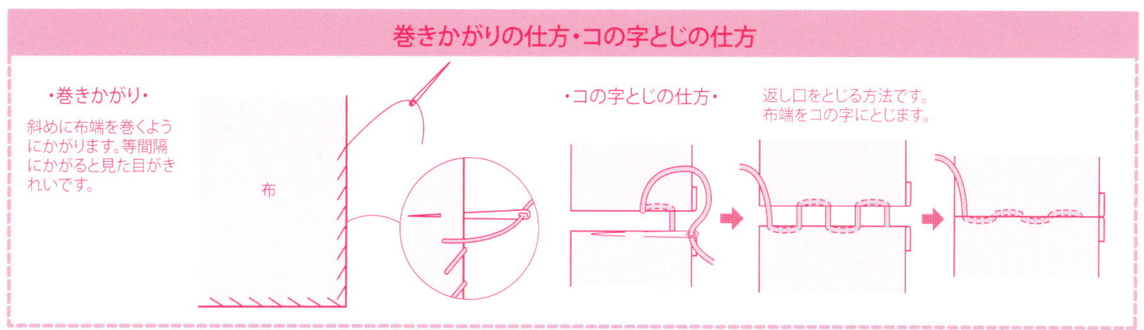

・巻きかがり・
斜めに布端を巻くようにかがります。等間隔にかがると見た目がきれいです。
布
・コの字とじの仕方・
返し口をとじる方法です。
布端をコの字にとじます。

◉実物大図案・型紙

p67 ベビーフレーム

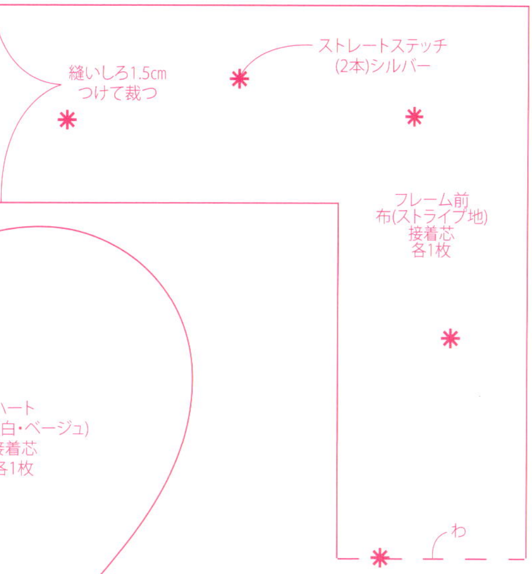

サテンステッチ
(2本)1046
バックステッチ
(3本)1046
miran
わ
縫いしろ1.5cm
つけて裁つ
ストレートステッチ
(2本)シルバー
フレーム前
布(ストライプ地)
接着芯
各1枚
わ

p48 タオルA

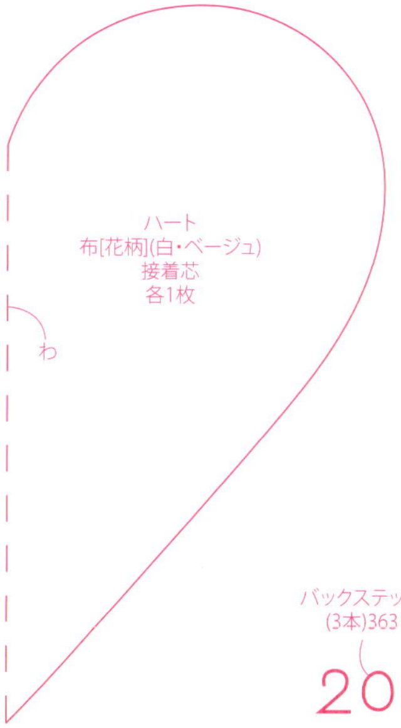

ハート
布[花柄](白・ベージュ)
接着芯
各1枚
わ
バックステッチ
(3本)363
50cm
2895g
バックステッチ
(3本)1046
バックステッチ
(3本)363
2010.1.29

p42 クリスマスカード

<図案>

＊全てクロスステッチ3本どり

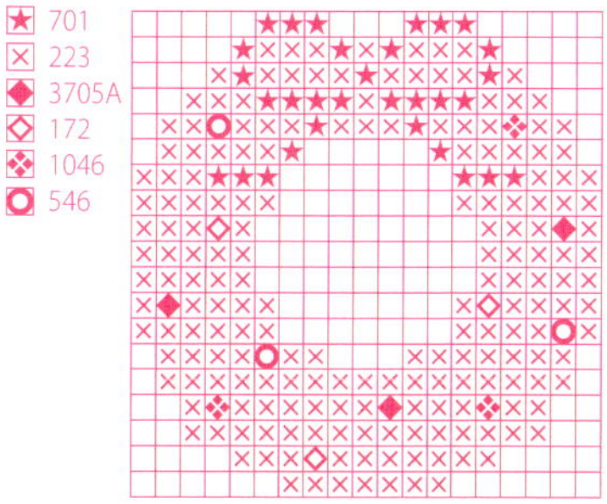

★ 701
× 223
◆ 3705A
◇ 172
❖ 1046
○ 546

● 著者プロフィール
寺西 恵里子 てらにし えりこ
(株)サンリオに勤務し、子ども向けの商品の企画デザインを担当。退社後も"HAPPINESS FOR KIDS" をテーマに手芸、料理、工作を中心に手作りのある生活を幅広くプロデュース。その創作活動の場は、実用書、女性誌、子ども雑誌、テレビと多方面に広がり、手作りを提案する著作物は 700 冊を超える。

https://teranishi-eriko.co.jp

寺西恵里子の本
『メルちゃんの着せ替えお洋服&こもの』(小社刊)
『サンリオキャラクターズのフェルトマスコット&リース』(日本ヴォーグ社)
『基本がいちばんよくわかる刺しゅうのれんしゅう帳』(主婦の友社)
『とびきりかわいくつくれる!私だけの推しぬい&もちぬい』(主婦と生活社)
『刺しゅうで楽しむ スヌーピー&フレンズ』(デアゴスティーニ)
『楽しい折り紙 203』(フレーベル館)
『365 日子どもが夢中になるあそび』(ブティック社)
『3 歳からのお手伝い』(河出書房新社)
『ひとりでできるアイデアいっぱい貯金箱工作』(汐文社)
『おりがみであそぼ!』(新日本出版社)
『身近なもので作るハンドメイドレク』(朝日新聞出版)
『0~5 歳児 発表会コスチューム 155』(ひかりのくに)
『30 分でできる!かわいいうで編み & ゆび編み』(PHP 研究所)
『3 歳からのお手伝い』(河出書房新社)
『作りたい使いたいエコクラフトのかごと小物』(西東社)
『365 日子どもが夢中になるあそび』(祥伝社)

● 協賛メーカー
オリムパス製絲株式会社
〒461-0018
愛知県名古屋市東区主税町４－９２
TEL 052-931-6561
HP https://www.olympus-thread.com

● スタッフ
撮影 相築 正人
デザイン ネクサスデザイン
作り方・作り方イラスト 鈴木 凛 やの ちひろ 田村 智愛 宮崎 優貴 藤城 美幸
作品制作 森 留美子 吉本 真由美 関 亜紀子 鈴木由紀

【読者の皆様へ】
本書の内容に関するお問い合わせは、
お手紙またはFAX(03-6386-3087)、メール(info@TG-NET.co.jp)にて承ります。
恐縮ですが、電話でのお問い合わせはご遠慮ください。
『はじめての刺しゅう』編集部
＊本書は2010 年に小社より刊行した『かわいい刺しゅう』の改訂版です。

はじめての刺しゅう
2024年11月10日 初版第 1 刷発行

著者 寺西 恵里子
発行者 廣瀬 和二
発行所 株式会社 日東書院本社 〒113-0033 東京都文京区本郷1丁目33番13号 春日町ビル5F
TEL 03-5931-5930(代表) FAX 03-6386-3087(販売部)
URL http://www.TG-NET.co.jp
印刷 三共グラフィック株式会社 製本 株式会社セイコーバインダリー
 ISBN 978-4-528-02469-4 C2077